故事東亞史

②

20個
改變東亞的
關鍵人物

胡川安‧總策劃

王亭方、朱曼云、林柏安、胡川安、唐甄、張安理、
黃宥惟、黃寶雯、葉峻廷、鍾安‧著

胡韻葳‧繪

陳國棟（中央研究院史語所研究員）‧審定

從臺灣出發的東亞史

　　你知道日本戰國時代的大將軍豐臣秀吉曾經寫信給高山國（現今臺灣）國王嗎？皇帝制度、孔子的思想不僅影響了中國歷史兩千年，對於韓國、日本和越南也有重大的影響嗎？唐代的長安曾經是世界最大的城市之一，更是東亞世界的中心，就像是現在的紐約和巴黎一樣，大家都想去感受它的「潮」，就連日本的京都也是模仿長安規劃出來的嗎？每一段歷史背後總有精采的故事。

　　「歷史，是過去與現在的不斷對話。」英國歷史學家卡爾留給我們的這句名言，意思就是對於現在的理解，會影響我們對於過去的認知。我們的歷史知識為什麼會隨著時代改變，在於現實的不同。

　　過去，我們著重在中國史的教育，不注重臺灣史，只把臺灣史當作中國史的邊緣地方史看待。但當我們以臺灣為中心來看臺灣的歷史發展時，中國只是跟臺灣交流的其中一個文化。我們從「臺灣」開始，先策劃了《故事臺灣史》系列，從時間、人物、地點和物件理解臺灣史，看看臺灣島在不同的強權間徘徊，如何漸漸有了自己的認同感。

　　但我們的目光不僅止於此，東亞歷史的故事不只是臺灣史和中國史，而是東亞各個文化間如何相互交流、相互影響的歷史，因此新策劃了《故事東亞史》系列，以整個東亞為中心，開始勾勒出世界觀，不只中國，還包含了日本、韓國、東南亞，以及內亞如何在東亞地域上有怎麼樣的交流。對於現在的臺灣人而言，中國歷史很重要，了解周圍國家的歷史源流、該怎麼去看待也很重要。東亞和東南亞各國的歷史和文化更是臺灣人以往所缺乏的知識，這些文化和臺灣有千絲萬縷的關係，彼此之間的互動相當頻繁。

　　過去教歷史的方法都是教孩子一個個國家的歷史，但「國家」其實是很後來才出現的，更早之前，是不同的帝國、王朝、部落和文化圈。如果只從「國家」來了解歷史，只能看到一小部分。《故事東亞史》希望從現實與過去的互動過程來理解，讓讀者能透過歷史了解現在，用現在的角度觀察歷史。東

亞是世界文化很重要的區域，但是亞洲並不是一整塊大陸。古代的希臘人將波斯帝國稱為亞洲，後來亞洲的區域慢慢擴大，由於所包含的文化和族群太多，就分成南亞、東亞或東北亞與東南亞。而如果用歷史和文化的視角來看的話，受到儒家文化影響，使用漢字，採用相關的典章制度、使用筷子吃飯的地方，大致是東亞文化的範圍。但是，東亞文化不是獨立發展的區域，除了每個地方有特殊的文化，他們也和世界其他的地區相互交流。東亞北部和內亞世界相互來往，日本、韓國、越南都和海上的勢力相關，而越南在東南亞和東亞世界的交會點，因而看得到兩種文化的影子。馬來西亞、印尼和新加坡則因為有大量的華人，主導當地的政治和經濟局勢，也和東亞世界有密切的文化與經濟上的聯繫。

《故事東亞史2：20個改變東亞的關鍵人物》從影響東亞的關鍵人物開始講起，歷史上的人物或許身陷在每個時代的限制中，但他們卻運用了自己的智慧和能力改變當時的世界，讓東亞世界往不同的方向走去。舉凡東亞世界古代的思想家、帝王，還有當代世界的革命家和政治人物們，因為有了他們的努力，形塑了我們的世界、文化與歷史。讓我們借鏡這些關鍵人物如何在時代轉變的時刻，以往的制度崩壞、舊社會無法面對新挑戰的時候，是如何透過引進新的制度，改變當時的社會，並建立起新的制度，引領歷史走向新的方向。了解東亞地區關鍵人物在於透過他們的所做所為，也能給我們人生不同的參照。

雖然東亞文化受到儒家、佛教文化影響，但每個地區仍各具特色，透過文化的角度理解區域的歷史，讓我們可以跨越國境、時代和族群的界線，在其中找到共同與差異的地方。即使在現在的網路時代，以往共同組成東亞文化的特色還是在這些地方相互交流。透過理解東亞的關鍵時刻和關鍵人物，我們可以宏觀的理解過去，一個關鍵時刻或是人物，就是理解過去的一把鑰匙，增加我們對於過去的認識，並且理解臺灣在東亞世界的存在，也可以想想臺灣在東亞世界中所扮演的角色。

國立中央大學中國文學系助理教授

胡川安

目錄

第一章
有問必答的行動派教育家
孔子

職業：教育家
生存時代：約西元前551～479年
榮譽事蹟：儒家思想創始人，影響遍布東亞及東南亞諸國。

　　你去過孔廟嗎？是不是覺得它跟一般廟宇很不一樣？這裡有著結合學堂、簡樸典雅的建築，除了能感受莊嚴肅穆的文化氣質，似乎也能窺見過去古人修身養性的學習歷程。事實上，孔廟供奉的孔子，除了是大家熟知的儒家思想創始人，更是東亞最重要的教育家，影響所及持續至今。

教你怎麼成為「君子」

孔子本名孔丘，字仲尼，他生活在距今兩千五百多年前的東周春秋時期。那是舊有體制逐漸崩壞，而新秩序還沒建立的戰亂時代。過去長期以來，周王朝以「封建制度」統治黃河流域中下游——周王將土地與爵位分封給身分世襲的諸侯，並透過莊重的禮儀來強化周王與諸侯的上下關係。不過到了孔子生存的時代，衰弱的周王已經沒有能力維持秩序，各大諸侯國趁機崛起稱霸。

孔子三歲時，身為沒落貴族後裔的爸爸就死了；十七歲時，將孔子養育成人的媽媽也因病過世，因此他早年日子過得頗為辛苦。孔子曾與學生談起自己的少年往事：

太宰問子貢：「老師也太神了吧？為什麼他會這麼多才藝呢？」

子貢回答：「老天要讓他成為聖人，所以老師才會多才多藝啊。」

孔子聽到後回答：「太宰，你知道嗎？我小時候生活很辛苦，做過許多粗活。貴族會這麼多技藝嗎？不會。」

出自：《論語》，〈子罕篇〉第六則

❶
原文：大宰問於子貢曰：「夫子聖者與？何其多能也？」子貢曰：「固天縱之將聖，又多能也。」子聞之，曰：「大宰知我乎！吾少也賤，故多能鄙事。君子多乎哉？不多也。」

雖然孔子為了生活必須從事各種勞動，但是他依然努力學習禮儀、詩歌和歷史，也時常磨練射箭、駕馭馬車的技術，所有有教養的貴族該有的基本能力，他都沒有放棄學習。從自身的學習經驗，孔子發現好的教育不只給人謀生的一技之長，更可以將人培養成品格良好、富有禮儀的「君子」。

三十歲之後，孔子開始替魯國的大臣工作。從管理糧倉、家畜到擔任

司法人員、外交使者等重視禮儀的職務，孔子都做過。他淵博的學識更是聲名遠播，吸引許多年輕人來拜師學習如何成為君子。而孔子最為人稱道的則是——無論學生身分背景是平民還是貴族，他都一視同仁、不藏私的教育他們，因而有了子路、子貢、曾參等不同出身，日後卻在各個領域發光發熱的弟子。

從不得志的凡人到聖人孔子

可惜的是，當時孔子所在的魯國，政治由一群無德貴族把持。這些人看上了孔子帶來的政治聲譽，不但要求孔子對自己的無禮行為視若無睹，甚至要他表態支持他們的叛亂事業。或許是覺得忍無可忍，也或許是想找尋新的可能性，孔子在五十四歲那年便辭官，離開魯國。他為什麼要這樣做？是不是想找到願意重用自己的君王，挽救逐漸崩壞的社會秩序？不管如何，孔子和他的學生們在接下來的十四年間，冒著病死、餓死或被殺害的風險，在衛、宋、陳、蔡和楚國之間穿梭遊歷。

我們去周遊列國，看看有沒有改變時代的可能性吧！

遺憾的是，孔子的遊說之旅並不成功。當時，諸侯國之間的戰爭越演越烈，統治者期待從百姓身上榨取更多稅收、提升軍隊的戰力，甚至併吞其他國家。孔子所相信的道德和美好價值，在篡位者與野心家眼中不過是過時的舊文化。出外旅行十四年後，不受重用的孔子失望的回到魯國，從此致力於培育學生，最後在七十三歲過世。

孔子死後，學生們替孔子辦了禮儀隆重的喪事，並修建一間簡單的家廟。由於孔子備受眾多學生愛戴，因此每逢祭祀儀式，魯國都會有許多人前來參與，形成一股不容忽視的勢力。漸漸的，孔子的家族和學生以孔廟為中心形成聚落，他們將孔子生前的談話編輯成《論語》，繼續提倡他生前未能完成的志業：用禮儀替天下帶來和平。這群實踐禮儀的人被稱為「儒」或是「儒生」，他們的學派則是大家後來所熟知的「儒家」。

在儒生的講學過程中，孔子成為承受統治天下的使命，卻又沒有機會執政的聖人。於是，說自己不談「怪力亂神」的孔子，竟然被自己的學生們捧上神壇，他的家廟則成為專門祭拜孔子的孔廟，這大概是孔子生前始料未及的吧！

運用孔子信仰強化王權與政權

孔子死後兩百多年，秦始皇統一天下，成為東亞世界中的第一位皇帝，一度下令「焚書坑儒」，禁止儒學傳播。不過，經過秦末大亂、再次一統天下的漢代君王，又再度重用熟悉禮儀、重視君臣秩序的儒生，來替以武力建立的政權強化管理與統治的正當性。因此，從漢代以後，儒家在政權的人才選拔制度中，占有越來越重要的地位，如漢代的察舉制、隋唐以降的科舉制度，都將熟讀儒家典籍視為挑選人才的重要條件。

同樣的，受儒生推崇的孔子家廟，也順勢被皇帝們收編為官廟，以凸

顯政權對於儒家的重視。自此之後，統治中國的皇帝都會封給孔子後人世襲的官位，並負責孔廟的祭祀儀式。到了唐代，孔廟也逐漸與地方教育結合，政府不但在各地廣設孔廟，還在附近興辦國家的講學中心。地方官員必須

山東曲阜孔廟大成殿，史上第一間孔廟。

負責維護孔廟，並且定期主持祭孔儀式。孔廟甚至設有門禁，老百姓不得隨意進出。除此之外，孔廟的建築造型、祭祀禮儀、配祀的名單也都由朝廷決定，即使是孔子的後代子孫也不可以擅自改變。清代時某位孔子的後代子孫自告奮勇說要編修孔廟歷史，結果還被皇帝罵：「此乃國家大事，非爾（你）一家之榮！」可見，即使是孔家人也不能決定孔廟的命運。

　　正因為孔子信仰足以撼動國本，在中國歷史中，孔廟有很長一段時間，是專屬於統治者、為政權服務的官廟，而不是像現在這樣屬於公眾、任何人都能自由朝聖的孔廟。這樣的限制一直持續到清帝國滅亡，隨著皇帝制度的消失，孔廟才逐漸向大眾開放。

東亞諸國的特別版孔子

　　雖然孔子生前的影響力其實很有限，他重視禮儀與秩序的學說也沒有受到東周諸侯們的重用。不過在漢代後，孔子的學說因為重視君臣秩序，可以協助統治者鞏固政權而大受推崇，儒生們把孔子當作君子教育的理想，皇帝也會介入孔廟的祭祀儀式，強調自己是掌握統治正當性的國君。漸漸的，儒家思想和孔子的形象也隨著國際交流擴散至東亞諸

國，特別是在朝鮮半島（今日韓國）、日本、吐番（今日西藏）等國影響深遠。不過各國沒有將中國版本的孔子照單全收，而是根據風俗民情重新塑造孔子，在經過一系列的「在地化」後，孔子也成了各地特別版的聖人。

　　越南在十世紀時擺脫中國的統治，之後，越南皇帝除了用武力捍衛政權，也積極引入中國的科舉考試以強化統治。不過，儒、佛、道等宗教在越南的地位比較平等，因此，某些越南王朝會在科舉考試中考佛教和道教的內容。

科舉好難考！

真的好難！我花了十年才考上！

越南的科舉制度持續了八百多年，是全世界最晚廢除科舉制度的國家！

　　在西藏佛教文獻中，孔子則被稱做「孔澤楚吉杰布」（意思是具有神奇力量的國王孔子），是佛陀的再傳弟子，肩負著重要任務，負責將佛法當中的世間的道理弘揚到中國。而在十四世紀末到十九世紀末，由李成桂家族統治的朝鮮王朝與中國明朝廷關係緊密，他們將孔子尊為不可動搖的聖人，並且發明「聖學十圖」，用來傳授孔子與後世儒生的思想。到了滿洲人於十七世紀征服中國之後，朝鮮人更出現「小中華」的自豪感，認為自己比滿洲人建立的清帝國更有文化，保存更純正的孔子之道。

十七世紀到十九世紀末，統治日本的德川幕府也注意到來自中國的儒學，尤其欣賞儒家當中的「忠君」觀念，並且將其比喻為武士的「忠義」精神。但日本不像中國與朝鮮將孔子視為毫無缺點的聖人，反而批評孔子因為不受重用就離開魯國，是不夠忠心的表現。

東亞之外，與中國一水之隔的臺灣，也同樣尊崇孔子和其學說。在臺灣的歷史上，無論是鄭氏父子、清領時期和中華民國的統治者都曾興建孔廟，這樣的「尊孔」風氣也延續下來，直至今日，每年九月二十八號的祭孔大典，還是都由孔子的後人擔任「大成殿至聖先師祭祀官」，負責主持儀式。

千百年來，儒家思想對東亞諸國統治者皆有深遠影響，孔子及其衍生的儒家學說以及《論語》等書，都成為世人非常看重且不斷從中探尋可以應用於教育、經濟與生活的文化資產，中國政府甚至一度希望透過在世界各地廣設「孔子學院」，來擴大自身的國際影響力。相信這些改變和重視，都是兩千多年前懷才不遇的孔子始料未及的。

大事紀

- 西元前551年　在魯國出生。
- 西元前536年　開始立志於求學，善於取法他人，好學不倦。
- 西元前520年　開始授徒講學，創設私學，打破了「學在官府」的傳統，促進了學術文化的下移。
- 西元前517年　孔子短暫離開魯國至齊國，獲齊景公賞識，但當時齊國政權被大夫把持，孔子不得志只好返回魯國。
- 西元前501年　孔子才被魯國重用。
- 西元前497年　因政治理想難以施展，帶弟子離開魯國周遊列國。
- 西元前484年　返回魯國，晚年致力於整理文獻和繼續從事教育。
- 西元前479年　因病逝世，死後眾弟子為其服喪三年，子貢更為孔子守墓六年。

第二章
皇帝制度的創建者
秦始皇

職業：中國第一位使用「皇帝」的君王

生存時代：西元前259～210年

榮譽事蹟：征服六國、一統天下、開創兩千年的帝制時代。

　　你印象中的秦始皇是怎麼樣的呢？是終結戰國時期、一統天下的超級軍事神人？還是焚書坑儒、好大喜功、殘忍又嗜殺的暴君呢？其實在中國歷史上，很少有皇帝像秦始皇一樣擁有如此正反兩極的評價，然而他無庸置疑是一個舉足輕重的時代開創者，秦始皇所創建的政治制度，甚至還成為後世眾多東亞統治者的參考典範呢！

秦國的富國強兵政策

秦始皇本名嬴政，是中國戰國時代末期的秦國國王。當時的中原經過數百年的兼併戰爭，只剩下秦、齊、楚、韓、趙、魏、燕七國。其中，位於西方的秦國從戰國中期之後，逐漸蛻變為傲視七雄的超級強國。

秦國為什麼能如此強大？主要歸功於歷代君王的勵精圖治，與長達一百五十年的改革成果。西元前356年，秦始皇的曾曾祖父秦孝公，深受「法家」思想影響的商鞅實施變法，以嚴密的法律制度管理平民，打破封建貴族的世襲特權。到了曾祖父秦昭襄王時期，則實施「遠交近攻」的策略，拉攏距離最遠的齊國，侵略鄰近的巴蜀、韓、魏等國。當越來越多的新領土納入版圖後，秦國則施行類似「殖民主義」的政策，建設地方以榨取更多資源。於是秦國慢慢蛻變為以秦王為中心的中央集權國家，能比其他國家更有效率的動員人民投入農耕和作戰。

西元前246年，十三歲的嬴政繼位為秦王。除了繼承歷代秦王的政策外，還召集比過去更龐大的勞力，以完成各地許多大型建設。他興建都江堰，將容易氾濫的河水一分為二，使飽受洪患所苦的四川，成為後世口中的「天府之國」。他還將秦人移民送到從楚國奪取的南郡，命令地方官吏取締當地的傳統文化，推行秦國的法律。這些造成人民沉重負擔的政策，卻也同時大幅提升了國力，成為秦國大舉對外征戰的支持。

發動戰爭，統一天下

自西元前230年起，嬴政以消滅六國為目標，發動長達十年的戰爭。北方的燕國派出刺客荊軻試圖暗殺秦王，南方的楚國則集結大軍反抗，然而這些都無法阻止嬴政的決心以及秦軍的腳步。1975年，考古學者在湖北睡虎地發現秦代的墳墓，其中一個墓主「衷」的身邊，埋著他的兄弟「黑夫」和「驚」從戰場前線寫回家裡的兩封信，信中請求家人寄錢和衣物，心繫親人的安危，呈現戰國時期秦國平民真實的一面。

來自黑夫的問候：

　　我們的兄弟衷，家裡還好嗎，母親的身體還健康，前段時間我們兩個分頭去打仗，好不容易今天才碰面，但不久後又要去淮陽打仗了，這次要改打反城，可能得花很久的時間，希望母親能幫我們寄錢和夏天的衣服過來，記得寄來的錢要多一點喔！千萬別忘了回信給我們，另外也請記得幫我們問候姊姊⋯⋯（以下省略）

（選譯及改寫「自睡虎地4號墓第11號木牘」）

來自驚的問候：

　　母親真的都好吧？我跟著軍隊與黑夫待在一起，一切都好。希望母親能寄五、六百錢、挑選不要短於兩丈五尺的好布寄過來。

　　前陣子我向戰友垣伯借錢，但現在已經用完了，再不送錢來就要死了。急急急！另外也要提醒嫈的年紀還小，不要去太遠的地方取柴。聽說新地的人民都跑光了，這裡的舊民不願意聽從命令⋯⋯新地又來了一群賊寇，衷千萬不要去新地啊！

（選譯及改寫「自睡虎地4號墓第11號木牘」）

史上第一位皇帝的誕生

西元前221年，征服六國的嬴政以「皇帝」作為自己的新稱號，史稱「始皇帝」。秦始皇再度加強秦國的中央集權制度，希望將六國人民融入秦帝國。他將首都設於咸陽，把全國分為三十六個郡，郡下再設縣，稱為「郡縣制」；同時也派人以首都咸陽為中心修築放射狀的「馳道」，作用類似今天的高速公路，可以快速調動軍隊鎮壓叛亂。秦始皇還利用馳道五度巡狩天下，向人民展現皇帝絕對的權威。他又派遣三十萬大軍北伐匈奴，並開鑿運河、修築長城，還派四十萬人南征百越，將今天的越南納入版圖。

長城是古代中原各國為了抵禦北方民族而修築的軍事工程，圖中黑色部分是六國建造的長城，深紫色則是秦始皇時期建造的一部分長城，歷代朝廷都以秦長城為藍本，定期對之進行修復及延長。

秦代長城圖

除了軍事行動，秦始皇以秦國為標準，統一各國的文字、貨幣、度量衡和車軌尺寸。自此，官員必須熟記秦國的文字與法律，而工匠製作的兵器、車輪、磅秤、量尺等的規格都必須統一。

統一文字,大家才看得懂彼此在說什麼。

秦始皇甚至任命同樣來自「法家」的李斯為丞相,頒布嚴刑峻法來控制人民的思想,將以各國立場編寫的史書焚毀,還把私藏《詩》、《書》的民眾在市場公開處決;若有人膽敢以古非今,更處以全族處死的極刑。以古非今的人則全族處死。這些政策對於信奉孔子的儒生造成巨大的打擊,他們用口述傳承經典,也有人將書籍埋藏在牆壁中以躲避被查禁的災難。

時代的開創者

透過強大的軍隊和嚴刑峻法,秦始皇成功建立中國歷史上第一個中央集權的帝國。然而連年不停的對外戰爭、規模越來越大的大型建設,還有日益沉重的勞役,逐漸激化了原本六國舊民對於秦的反抗意識。西元前210年,五十歲的秦始皇在第五次出巡東方的途中駕崩,隔年,逃兵陳涉、吳廣以反秦為號召揭竿起義,得到六國舊貴族的響應。嬴政過世三年後,秦代在各地的反秦勢力中滅亡了。②

❶

秦始皇陵墓的考古發現

1974年春天,中國陝西臨潼縣西楊村的農民在鑽井取水的時候,意外挖出位於秦始皇陵墓外圍秦兵馬俑。透過對兵馬俑的研究,我們得知秦國的軍隊以青銅作為主要武器,軍隊由步兵、弩兵、戰車和輕騎兵構成。另外,秦始皇陵墓本體的規模巨大,因為擔心無法保存而沒有全面發掘。

雖然秦代只有短短十五年，但秦始皇所創立的皇帝制度和中央集權政策並沒有隨著國家滅亡而消失，而是成為後世東亞統治者們的參考對象。秦代的法律影響漢的法律，之後在唐代更成為日本天皇建設國家的參考準則。秦始皇以後，郡縣制度也慢慢成為中國各朝統治的地方的標準政策。甚至到了近代中國的毛澤東主政時期，秦始皇吞併各國、統一文字、度量衡的事蹟，還被中國共產黨大肆宣揚並效法實施同樣也帶來極大浩劫的「文化大革命」。

　　這就是秦始皇，他建立一個短命的帝國，卻開創了長達兩千年皇帝與治理制度。

大事紀

- 西元前259年　在趙國邯鄲出生。
- 西元前257年　秦趙爆發邯鄲之戰，身為秦國人質的父親潛逃回國。
- 西元前251年　隨母親趙姬返回秦國。
- 西元前247年　即位為秦王，由呂不韋輔佐。
- 西元前239年　開始親政，平定權臣叛亂，流放呂不韋。
- 西元前230年　滅韓，展開征服六國的戰爭。
- 西元前227年　燕人荊軻試圖刺殺他，隔年滅燕。
- 西元前221年　滅齊，創新稱號「皇帝」。
- 西元前210年　在五次出巡途中駕崩，遺詔被趙高、李斯等重臣竄改。
- 西元前209年　幼子胡亥即位，處死自己的所有兄弟姊妹。
- 西元前207年　秦軍主力部隊遭項羽擊潰，同年其後為漢高祖的劉邦攻入咸陽，秦國滅亡。

第三章
日本飛鳥時代的大神級人物
聖德太子

職業：王位繼承人、實質主政者
生存時代：572～621年
榮譽事蹟：遣使入隋學習、確立日本禮法與政治制度，曾為舊款一萬日圓紙鈔的人像。

　　你曾經注意過世界各國的錢幣或紙鈔嗎？通常都會放上代表該國特色或重要人物的圖樣。像是臺灣百元紙鈔是推動清末革命運動的孫中山；美國的五元紙鈔則是廢除奴隸制度的林肯總統。而在鄰國日本，首次發行的一千日圓和一萬日圓紙鈔時，卻都不約而同使用聖德太子的圖樣。他是誰？他對日本乃至東亞有什麼的特殊意義呢？

在馬廄出生的皇子？

　　古代的日本列島中、西部地區，有個由數個貴族組成的政治聯盟，稱為「大和王權」，盟主稱為「大王」❶。聖德太子就是其中一任大王的兒子，原名為「廄戶皇子」。皇后是在舅舅蘇我馬子的家中生下皇子，所以才用馬子宅邸「馬屋戶」來為皇子命名為「廄戶」。但是在一百多年後的史書《日本書紀》中，卻說皇后是在馬廄前臨盆，故取名為「廄戶」。相較之下，這段紀錄屬於編纂的可能性較高。此外，還有傳說皇子一出生就會說話，甚至同時與十個人對話，也能清楚分辨每個人所說的內容。

　　這些如神話般的故事都是為了突顯出廄戶皇子的超凡智慧，並賦予其神聖的地位。「聖德太子」❷這個稱號，也是在他死後才出現的。皇子的老師曾經形容他「以玄聖之德，生日本之國」，後人便依此稱呼其為聖德太子。那麼，聖德太子究竟做了哪些事，得以讓後世的日本如此推崇感念呢？

豪族政爭中的聖德太子

　　六世紀時，蘇我氏這個家族透過與王室通婚取得很大的政治權力，屬於新興的貴族。日本朝廷中另一個重要的勢力，則是物部氏這個掌控祭祀、軍事與刑罰的傳統貴族。這個時期，也正是佛教開始從朝鮮半島傳入日本。於是，兩股政治勢力就在「要不要接受佛教這個外來宗教」的議題上正面交鋒。

　　掌控祭祀權力的物部氏，自然不願有新的宗教影響自己目前在朝廷中

❶
日本的「天皇」稱號，是689年時天武天皇受到唐高宗的影響，才頒訂的稱號。但是日本史書也會以「天皇」來稱呼天武天皇以前的統治者，為了方便閱讀，本文使用現有史書慣用的稱號。

❷
雖然「聖德太子」這個稱號是在他死後才出現，但為了行文與閱讀的便利，後文統一使用「聖德太子」來稱呼廄戶皇子。

的地位，故積極主張「排佛」。最初，當時的天皇與多數大家族是傾向「排佛」想法的一方。處於對立面的蘇我氏則先行接觸了佛教的文化，以及從東亞大陸傳來的先進技術。當時從東亞大陸移入日本的移民，被稱作「渡來人」，他們擁有優於日本島內的農耕、建築、紡織等技術。蘇我氏與渡來人關係密切，同時也掌控了這些先進技術，進一步擴大自己在朝廷中的勢力。

到了六世紀後期，蘇我馬子創造了蘇我氏的全盛時代。此時主政的用明天皇因為生病，希望借助佛教力量治好疾病；於是，朝廷內再次興起了「是否要信仰佛教」的爭論。不幸的是，直到用明天皇過世，仍沒有一個定論。「崇佛派」的蘇我馬子擁立自己的女婿，即位為崇峻天皇；「排佛派」的物部守屋不滿，因而發動政變。最後，蘇我馬子聯合其他豪族與聖德太子等皇族，攻打物部守屋並獲得大勝，物部氏自此被排除在朝廷的權力核心之外，朝廷實權掌握在蘇我馬子手上，備受約束的崇峻天皇不時顯露對蘇我馬子的不滿。志得意滿的蘇我馬子決定除掉這個無法完全控制的傀儡，找人暗殺崇峻天皇。接著，蘇我馬子推舉自己的外甥女即位為推古天皇，並由聖德太子輔佐朝政。聖德太子利用不同豪族之間的矛盾與競爭，進入朝廷的權力核心，開始推動一系列的改革。

遣隋使引進中國制度

六世紀末，東亞地區最強盛的國家是隋。隋文帝楊堅結束了紛亂的政治局勢，重新建立了統一的國家。聖德太子希望藉由與隋的交流，學習先進的文明，包括佛法與禮儀。於是，從600年開始，派遣使者、學生與學問僧到隋學習，史稱「遣隋使」。第一批遣隋使回國後，聖德太子開始針對政治制度進行改革；分別從人才的任用規定，以及官員與貴族的道德規範下手。

首先為了革除日本過去長期依照血緣、姓氏世代為官的陋規，他制定

了「冠位十二階」，根據個人的能力與功績，決定官員的階級，配戴不同顏色的帽子與服飾。同時，個人被授予的冠位也代表著個人與天皇之間的關係，試圖減少貴族對政治的影響力。這項規定除了可以任用非貴族的人才之外，也是為了建立外交使節的威儀。冠位十二階融合了朝鮮半島上百濟、新羅與高句麗三國的官階制度，隋亦有一套官階制度，當日本與這些國家交流的時候，派出相應階級的官員才不失禮節。

再來，針對官員與貴族頒布「憲法十七條」。雖然名為「**憲法**」[3]，但與現代法律意義上的國家根本法是不同的。這裡的十七條規定，是給官員與貴族的道德規範訓令，內容受到儒家、法家與佛教的影響，説明一個統一國家裡的君、臣、民各自應該是什麼樣子。透過這些道德的規範，不讓貴族像以前那樣為所欲為，建立起一個以天皇為中心的新政治秩序。

[3]
現代國家的憲法，通常是該國最重要的基本法源，規定國家制度、國家機構及公民的基本權利和義務等。

聖德太子期許日本在確立了政治制度與禮法之後，得以和東亞大陸上的強國打交道，建立與隋的對等外交。於是，607年派出遣隋使小野妹子向隋煬帝遞上國書，其中寫道：「日出處天子，致書日沒處天子無恙。」就字面上意思來看，是指東邊的天子向西邊的天子問好。但在此之前，對隋來説日本只是一個蠻夷之邦，竟敢自稱天子，隋煬帝生氣的回應：「蠻夷書有無禮者，勿復以聞。」意思就是以後不要再把這麼無禮的國書給他看！由此，我們可以看到日本力求平等外交的野心，也想透過這樣的方式，凸顯自己和朝鮮半島上的國家不同。

在聖德太子主導的各項改革下，日本逐漸從一個貴族聯合的政治聯盟，轉變為以天皇為中心的中央集權國家。雖然改革並非一蹴可幾，不過從此打開了日本學習中國政治、文化的管道，也為日後的各項改革做

好準備。在日本人的心中，聖德太子奠定了國家的基礎，具有十分崇高的地位，也難怪會有那麼多神話般的事蹟了！

相互牽連的東亞世界

從上述的故事，我們可以看到六、七世紀的東亞各國是息息相關的。日本接觸到從東亞大陸傳來的新宗教，還有渡來人帶給日本的先進技術，這些都深深影響了日本的政治局勢。隋的統一，促使日本開始推動政治的改革。同時間，由於隋與朝鮮半島處於緊張的戰爭狀態，日本得以居中獲得優勢的地位。小野妹子的「無禮國書」對於隋來說是件嚴重

的事，一般來說是會出兵攻打日本的。但隋煬帝卻只說了「別再讓我看到這種無禮的文書」，最主要的原因是隋希望日本能幫忙牽制高句麗。在各種因素環環相扣之下，使得日本有了改變的契機，奠定未來發展的基礎。

不好意思啦，大部分關於我的傳說都是後來編造的！

聖德太子的貢獻影響深遠，被人民當成神，還曾傳說他騎飛馬上天。

大事紀

- 572年　聖德太子相傳在廄戶附近出生，因而以此命名。
- 593年　輔佐推古天皇攝行朝政（攝政）。
- 600年　首次派遣遣隋使。
- 603年　制定「冠位十二階」。
- 604年　制定「憲法十七條」。
- 607年　遣隋使小野妹子的「無禮國書」事件。
- 621年　因病過世。

第四章
開明且開放的東亞霸主
唐太宗

職業：中國唐代皇帝
生存時代：598～649年
榮譽事蹟：開創「貞觀之治」的盛世，影響廣及周邊國家。

　　如果問中國歷史中，哪個朝代最為富強？應該不少人的答案會是唐代。因為此時中國不但是周邊最強大的國家，各種禮法與政治制度更讓各國爭相仿效。其中在唐代初期開創「貞觀之治」盛世，並被尊為「天可汗」的唐太宗李世民，更是當時乃至後世的東亞諸國明君典範。

時勢造英雄

在特殊的時代背景、動盪的社會局勢下，有的人因聰明才智或特殊專長有了發揮的機會，而成為名留青史的英雄人物。唐太宗李世民創立的各種功績，就是典型「時勢造英雄」的結果。他是唐代第二任皇帝，也是著名的政治家與軍事家，更是為後世爭相效仿的明君典範之一。

李世民的父親李淵是隋的外戚，他和隋煬帝楊廣是表兄弟，從小就懂得察言觀色，當他察覺國家內部政治出現問題時，並沒有貿然行動，而是私底下結交各路豪傑，伺機而動。李世民的母親竇氏，則是一位極具政治頭腦，有膽識、智慧的人，幫助李淵度過多次難關。

在這樣的家庭下長大的李世民，少時就非常聰明，有著遠大志向而不拘泥小事的人。受到了父母的影響，成長為擁有卓越政治才能的英雄人物，得以在隋末亂世中成功竄起。

隋代末年，民亂四起。617年，李淵正式宣布起兵，最後攻入隋首都長安（今中國西安）。李淵立隋煬帝的孫子楊侑為帝，自己在背後掌握實權。直到隋煬帝被其他叛軍所殺後，李淵才讓楊侑退位。618年，李淵建立唐帝國，花了七年的時間，平定分散各地的軍事勢力。過程中，李世民憑藉著他的才能建立許多戰功，但也因此，威脅到了皇帝，以及他的兄長太子李建成。

昭陵六駿之一。李世民對駿馬感情深厚，他還寫過一首詠馬的詩，短短幾句五言詩，可見他對馬的觀察和喜愛之深。

燦爛黎明前的一刻黑暗

在帝制時代，政治權力是一切利益的集中展現。在權力的面前，所有的道德標準都會受到挑戰，手足之情、父子情深都不再重要。皇子們爭奪繼承權而相互陷害的例子，在漫長的中國歷史中屢見不鮮。皇子過於自負、權力膨脹，企圖挑戰父親權力的案例也不在少數。

唐帝國建立後，雖然李世民對於唐建國的功勞很大，但李淵卻只給了他秦王的封號。朝廷在各方面削減李世民的氣勢，盡可能提高太子李建成的影響力。李淵也許是想平衡雙方勢力，卻因此加強了兄弟彼此競爭的力道。

李建成與李世民各自招募人才、拉攏朝中大臣，儲備軍事力量，進行多次的明爭暗鬥。經過一段時日的太子之爭，雙方競爭進入白熱化的階段，最後決定武力奪權。626年，一位研究天文曆法的學者向皇帝報告：「金星出現在秦王的領地，這象徵秦王將得天下。」暗示秦王要叛變。這其實是太子陷害李世民的做法，因此李世民反過來指控太子和皇帝後宮的嬪妃有不正常的關係。後宮嬪妃的規定嚴密，這項指控單純是子虛烏有。所以，李淵決定隔天讓雙方對質，就可以拆穿李世民的謊言，再對他做出懲處。

李世民化危機為轉機，買通玄武門值班的將軍，部署軍隊的位置，準備射殺太子李建成。經歷一番血戰，李世民取得壓倒性的勝利。此後，李世民派兵遣將進到皇宮內「保護」皇上，並脅迫皇帝交出軍權和行政權。事件過後，李世民成功當上太子，實際上已經掌控朝廷，過了兩個月李淵宣布退位，李世民即位稱帝。

李世民發動的「玄武門之變」，在帝制時代是難以避免的，用這樣的手段當上皇帝，他就得更積極證明自己值得登上這個位置，必須用更光明的方式治理天下，這惕勵他創造了一個光輝的時代──貞觀之治。

貞觀之治的盛世

　　「貞觀」是唐太宗李世民的年號，他採取一系列有效的政治、經濟措施，創造一個國家政治穩定、人民安居樂業、經濟快速發展的大好盛世，被史家譽為「貞觀之治」。他將開明、務實的政治付諸實行，主要是以「去奢省費，輕徭薄賦，選用廉吏，使民衣食有餘」作為核心施政方針。這些不僅是政治口號，唐太宗努力讓這些理想成為現實。

　　唐太宗在位期間的各項作為都展現出「民本思想」，他時常對官員說道：「君主依附於國家，國家依附於百姓，只有百姓才是政權賴以存在的基礎。」所以，他做任何決策的根本都在於「不奪農時」，確保百姓能正常進行農作等生產活動，盡力發展經濟，穩定社會秩序，國家才得以欣欣向榮。

　　唐太宗之所以能創造「貞觀之治」，還有一個很重要的因素：選賢任能以及接納諫言。他特別任用了以往在政治圈中不被重視的山東人、寒門子弟，拓展人才發展的空間，有效平衡各個群體之間的關係。另外，他不計前嫌任用了曾是太子底下官員的魏徵成為諫臣。

一般來說，人都喜歡聽到表揚讚賞，不喜歡聽批評的話語，更何況是擁有至高權力的皇帝。然而，唐太宗憑藉著想把國家治理好的想法和堅定意念，做到了虛心納諫。他知道自己並非合法取得皇位，必須接受更多人的智慧，才能治理好一個國家。同時，他明白吸取別人的意見，承認自己的不足，更是強大自信心的展現。唐太宗以身作則，使得貞觀時期的政壇以及社會都有著言論自由的風氣。

　　最後，唐太宗還十分強調「遵制守法」。他認為無論是君主、官員還是人民都必須遵守法制。按照規矩辦事，才能發揮各個官僚機關的作用。唐太宗命官員以過往法律為基準，再依慎刑、寬簡的原則修成《貞觀律》，基本上完備了唐代律法的體系。

　　後來史官吳兢將唐太宗時期君、臣治國的思想和言論編輯成《貞觀政要》。這本書記錄了唐太宗與大臣的政論問答，以及重大的政治措施，根據專題分類編纂，總結了「貞觀之治」的歷史經驗，成為歷代帝王的政治範本，在九世紀傳入朝鮮和日本，同樣受到重視。

天可汗體制的東亞秩序

　　唐太宗在外交方面亦為唐朝廷開創新的局面。唐代疆域外有諸多部落，隋末唐初突厥是北邊最強盛的政權。隋末，突厥為了獲得利益而介入中原的政治鬥爭，雙方是互相利用的關係。到了唐初，突厥的威脅逐漸增大，因此唐太宗即位後，抓緊機會在630年消滅了東突厥。

　　此後，周邊各國各部落的國王、酋長共同稱唐太宗為「天可汗」，意即是這些部落共同的盟主。「天可汗」這個稱號意味著唐太宗不只是唐帝國的君主，同時也是北方各族的最高首領。後來，隨著唐太宗征服其他西域部落，「天可汗」的影響力擴及整個東亞大陸。

　　東方的朝鮮半島有高句麗、百濟和新羅三個國家，唐太宗在位初期與它們保持良好關係。然而，為了鞏固帝國東方邊境，唐太宗決定征討

高句麗。自645年開始，雙方數次交戰。直到唐下一任皇帝高宗，聯合新羅於668年將高句麗完全消滅。最後更在高句麗故地設立「安東都護府」鞏固遼東半島。

　　除了戰爭，「和親政策」是唐帝國與周邊國家關係的重要手段。當時吐蕃是西藏高原上興起的強大勢力，逐漸統一了附近的部落。唐太宗不採用耗費過多金錢與人力的戰爭方式對抗吐蕃，而是在641年時讓文成公主和吐蕃的領袖結為連理，拉近雙方的關係，維持了長時間的和平。

開明開放的東亞帝國

　　從魏晉南北朝以來的族群融合，再到隋代完成的南北政治統一，乃至於隋末各種勢力的重新組合。唐太宗所處的時代，恰好承上啟下，發揮多元族群融合的優勢，使得社會更加穩定，經濟與文化得以蓬勃發展。

唐太宗之所以能夠開創「貞觀之治」，正是因為他懂得吸取他人智慧，增強自己的不足。這樣開明、開放的態度，使得唐代初年的社會能夠充滿活力，創造出一個嶄新的、多元的東亞帝國。

在東亞歷史中，皇室內部權力鬥爭很常見。唐太宗透過強硬的手段取得皇位，卻也讓唐日後的皇子們有成功奪權的前例得以效仿。但同時，唐太宗也發揮自身的才能，創造「貞觀之治」，奠定了唐帝國強盛的基礎，受到世人的讚揚。我們能說他成功洗白嗎？其實歷史人物沒有絕對的好與壞，但唐太宗帶給後世乃至東亞的深遠影響是無庸置疑的。

大事紀

- 598年　生於岐州武功縣。
- 618年　李淵建立唐帝國，李世民拜尚書令、晉為秦王。
- 626年　玄武門之變，即位稱帝。
- 630年　滅亡東突厥，因此被西域諸國尊為「天可汗」。
- 641年　文成公主入蕃，把各種漢地的生產技術轉入吐蕃。
- 649年　因病崩逝於終南山翠微宮含風殿內。

第五章
建立蒙古帝國的草原祖孫檔
成吉思汗&忽必烈

職業：蒙古帝國領袖與元帝國皇帝
生存時代：成吉思汗1162～1227年；忽必烈1215～1294年
榮譽事蹟：創立橫跨歐亞的龐大帝國，促進東西方文明的交流。

　　十三世紀末，大蒙古國成為史上最大的帝國，不僅將許多中亞、西方世界的物產與文化帶進東亞，更衝擊了東亞世界的傳統秩序。其中開創蒙古帝國與元帝國的關鍵人物，則是成吉思汗與忽必烈祖孫檔，他們聯手寫下了中國史、東亞史乃至世界史的新篇章。

統一蒙古草原的成吉思汗

成吉思汗本名鐵木真，出生於今日漠北草原鄂嫩河畔。

鐵木真的父親也速該是乞顏部酋長、母親訶額侖則來自其他部落。當時，草原上住著數十個大大小小的部落。草原的東南方是女真人建立的金；西方則是契丹人建立的西遼。沒人能想到，這個剛出生的男孩將會結束這樣部族各立的局勢，建立橫跨歐亞的龐大帝國。

不過，雖然貴為酋長之子，鐵木真早年生活並不順遂。由於父親早逝，他與母親、兄弟被族人逐出營地。為了存活，鐵木真與好友札木合結為兄弟，之後又投奔王罕，成為他的義子。在兩人的幫助下，驍勇善戰的鐵木真在草原上逐漸嶄露頭角，一步步建立起自己的部落。

1196年，金因畏懼與自己結盟的塔塔兒部過於強大，命令王罕出兵攻打。鐵木真幫助王罕參與這場戰役，打敗塔塔兒，不僅獲得豐厚的戰利品，還因此得到更多依附者、壯大聲勢；同時，他也看清了金的目的：鼓勵草原部落彼此征戰，藉以削弱各部族。鐵木真了解，如果不改變現況，終有一天，相同的命運會降臨在自己身上。

為了足以和金抗衡，鐵木真得統一原本一盤散沙的草原，否則再多驍勇善戰的勇士也無濟於事。於是他改變草原各部族在征戰後，戰勝者會大肆洗劫戰敗部落的財物，並將士兵居民擄作奴隸的舊俗，鐵木真將戰敗者視為自己部落的一員，納入部落。

因此每一次戰爭勝利後，鐵木真不僅獲得更多物資，部落也越來越壯大。這些改革使鐵木真的部落迅速膨脹。

最終，鐵木真甚至擊敗義父王罕與義兄札木合，統一蒙古，自此草原上再也沒有他的對手。

征服歐亞大陸的草原之狼

　　擊敗札木合之後，鐵木真成為草原的統治者。他將新生的帝國取名為「大蒙古國」，受部眾擁戴的他，獲得「成吉思汗」的尊稱。「成吉思」在蒙古語當中意近「強壯、堅定」，同時也近似蒙古語當中的海（騰吉思）」。

　　此刻，成吉思汗即將率領蒼狼的子孫，跨出草原，橫掃歐亞大陸。鐵木真將眼光望向更遠、更遼闊的地方——金、西遼。此時的金已非鐵木真的對手，1211年鐵木真率大軍攻打金，擊敗四十萬金軍，之後陸續打下河北、河東北路和山東各州縣。金節節敗退，在丟失將近一半的國土後，最終將首都由原先的中都（今日北京）遷至南京（今日河南開封）。雖然鐵木真有意一舉拿下金，但中亞花剌子模的挑釁，使鐵木真暫且放下對金的執念，轉而向西方進攻。接下來，鐵木真的軍隊迅速擊潰西遼、花剌子模，甚至在追捕花剌子模的蘇丹時，一路遠征至高加索山一

歡迎來到成吉思汗博物館，這位就是當年縱橫草原的霸主！

哇！這雕像好雄偉～

據說當時歐亞大陸都有他的足跡！

帶，震懾當時東歐諸國。此刻的大蒙古國已然是歐亞大陸上最大的帝國，東至堪察加半島、西至裏海，都成為蒙古鐵騎奔馳的草場。

鐵木真最後於征伐西夏的途中去世。此時，攻打金的戰役尚未停歇，甚至連南方的宋也是未來大蒙古國的領地攻戰目標。大汗終於閉上了他的雙眼，然而，他的戰士仍然繼續前進，拓展大汗的草場。

統一中國，創立元帝國的忽必烈

1264年，大蒙古國在經歷了好幾年內部激烈對戰後，終於出現第五任大汗──忽必烈。

忽必烈是鐵木真第四子托雷的兒子。前一任的大汗豪哥猝死後，忽必烈迅速趕回草原，爭取繼承大汗之位。然而，蒙哥的另一位弟弟阿里不哥也強調自己是合法的大汗。在經過四年的戰爭之後，忽必烈終於勝出，成為大蒙古國的新大汗。雖然弟弟已不再是心頭之患，但忽必烈清楚，這個帝國中仍有反對他的隱憂，曾支持阿里不哥的宗室王公們，無不等著看新任的大汗能拿出怎樣的成績，證明自己是合格的繼承人。

此時，中亞、北亞已是蒙古人的天下。鐵木真死前尚未征服的西夏、金國，也都成為蒙古人的領地。因此，東亞無疑成為忽必烈鞏固自己實力的最佳憑證。但是，即便是東亞世界，朝鮮半島上的高麗王朝也已臣服大蒙古國，南方的安南、占城、緬國等國又過於遙遠，這位新任大汗能爭討的，僅剩緊鄰的南宋以及當時由鎌倉幕府掌政的日本。

忽必烈曾兩次攻打日本，但皆無功而返，因此，對於攻下南宋一事，忽必烈勢在必得。1271年，忽必烈在臣子的勸進下，定國號「大元」，開啟中國史上的元帝國，同時為征宋戰爭揭開序幕。富庶的南宋並非容易吃的果子，他們頑強的抵抗，讓忽必烈花了八年的時間與之抗衡。直到1279年崖山之役，南宋丞相陸秀夫抱著八歲的小皇帝趙昺跳海而死之後，忽必烈才真正拿下宋，交出一張合格的成績單。

莫斯科

欽察汗國

哈拉和林

上都
（開平）

察合臺汗國

沙州
（敦煌）

大布里士

撒馬爾罕

伊兒汗國

大都
（北京）

伊斯法罕

荷莫茲（忽里模子）

元帝國

全盛時期的蒙古帝國最大疆域

活絡東亞商業圈，成就完整的蒙古體系

　　拿下南宋後，意味著忽必烈坐穩了大汗的寶座。然而，無論是大蒙古國或是元帝國，以蒙古人為主所組成的龐大軍隊是支持政權穩定的基盤。為了養活鞏固帝國的軍隊，忽必烈下一步要做的，就是為帝國帶來更多財富。

　　忽必烈將首都設於大都（現今北京），定蒙古語為官方語言，並統一蒙古文字。任用來自中亞的穆斯林（伊斯蘭教徒）阿合馬，創建了專管經濟、財務的中央機構——制國用使司。有別於傳統中國王朝重農抑商的態度，忽必烈重視商業活動，國庫收入多數來自於商業利潤與商稅。此外，忽必烈廢除了過路稅，中亞穆斯林商人免於被課重稅，因此更頻繁的往來於帝國之間。而舊南宋的所在區域，也因人口眾多、生產旺盛，提供大量的商品與消費力。

除了陸地上的往來之外，此時期海上網絡也相當熱絡。忽必烈接收土地與人民的同時，還接收了南宋既有的水路系統。他使用南宋的水軍攻打日本，同時穆斯林合作，積極的管理南宋原有的口岸。福建泉州就是在此時成為重要的貿易港，每日迎接來自各地的船隻。

元代的泉州港，海上有阿拉伯、歐洲、印度人乘船而來。

　　蒙古體系就在這樣的經濟脈絡下逐漸完整：蒙古軍隊提供武力維持帝國穩定、穆斯林商人提供商業稅收支持帝國豢養軍隊、漢人則提供生產與消費力使商業活動得以運行。這個龐大的帝國就在這樣的系統支持下，安穩的運作著。

　　對於維繫大蒙古國而言，東亞從一個檢驗繼承人的證明，變成維繫帝國運作的命脈之一。與此同時，傳統東亞秩序也因為這個大帝國的出現而受到挑戰。傳統東亞以中國為中心，透過文書往來、禮儀規範等維持著國際秩序。然而，蒙古人被日本、高麗視為「夷狄」。當夷狄成為中

國的統治者，這些東亞鄰國便對既有秩序產生懷疑。一旦強壯的大蒙古國崩解，就像是表面的壓力消失一樣，新的東亞秩序將逐漸浮出水面。成吉思汗與忽必烈所建立的帝國或許沒有長久存續；然而領土上的統一和商業調整，以及對東亞秩序的影響，卻像是隕石重擊過後的效應一樣，綿延不絕、持續至今。

大事紀

- 1162年　鐵木真生於漠北草原。
- 1196年　金命王罕、鐵木真出兵進攻塔塔兒部，塔塔兒部敗。
- 1206年　鐵木真擊敗札木合，統一蒙古諸部，並建立大蒙古國，受群臣上「成吉思汗」尊號。
- 1211年　成吉思汗開始攻打金，並於數年間占領金北部，迫使金遷都南京（今河南開封）。
- 1215年　忽必烈生於漠北草原。
- 1227年　成吉思汗於攻打西夏途中病逝，享年六十五歲。
- 1260年　忽必烈即位為大蒙古國皇帝。
- 1271年　忽必烈建立「大元」。
- 1274年　忽必烈發動第一次對日戰爭。
- 1276年　元軍攻陷南宋首都臨安，南宋滅亡。
- 1281年　忽必烈發動第二次對日戰爭。
- 1294年　忽必烈去世，享年八十歲。

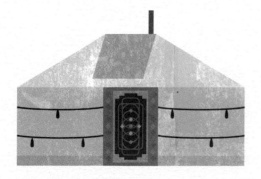

第六章
當代韓國重要的「民族符號」
世宗大王

職業：朝鮮國王
生存時代：1397～1450年
榮譽事蹟：創制了又名「諺文」的韓語文字，對韓國後世的語言、文化發展深遠影響。

　　說起韓國受歡迎的歷史人物，朝鮮世宗大王肯定位列前茅。不僅一萬韓圓紙幣上有世宗大王，還有大學、驅逐艦、文化會館、科學基地、道路等都是以「世宗」為名，甚至還有新設的行政首都叫作「世宗市」呢！韓國人之所以如此愛戴世宗大王，其實是因為他創設了便於學習的「諺文」，也讓韓國從此得以擺脫來自中國的漢文字限制，逐漸開始發展符合自己語系的文字系統。

好學不倦的三皇子

　　世宗大王原名李祹，1397年出生於漢陽（即首爾）。雖然貴為朝鮮太宗李芳遠與元敬王后閔氏之子，但在前面已有兩位哥哥的情況下，恐怕沒有任何人能想到，未來的十幾年間，這個剛降生的小王子將會繼承大位，成為後世稱頌的一代明君。

　　李祹年幼時便非常好學、手不釋卷。根據《朝鮮王朝實錄》記載，李祹即便病中依然讀書不斷。相較於不愛學習的長子與次子，李祹在性格和能力上更適合做為王位繼承人，因此，太宗遂讓長子隱居深山、次子剃髮出家，順理成章的將王位傳給優秀的李祹。

　　太宗果然慧眼獨具，好學少年即位後成為一位明君。在位的三十二年間，勵精圖治，數次興兵討伐延邊倭寇，於1443年與日本對馬島島主簽訂條約，獲得對馬海峽一帶海域的主導權；此外，世宗大王也征討了鴨綠江一帶的女真野人，並在當地設置郡縣管理，奠定今日南北韓的疆域範圍。

　　除了肅清朝鮮邊境隱患，自幼喜好讀書的世宗大王在文化事業上更是貢獻卓越，如朝鮮第一部農書《農事直說》，以及被視為韓國傳統醫學與中國醫學的分水嶺《鄉藥集成方》與《醫

世宗時期朝鮮疆域圖

女真族

明

擴張的土地

朝鮮

方類聚》，皆是世宗大王在位期間編撰完成。上述功業無已足以讓他留名青史，然而世宗大王的企圖不止於此，世宗大王在位的第二十五年，向朝鮮全國推行一套全新的文字系統——諺文。

朝鮮半島與中國相鄰，文化、制度皆深受中國影響，其中也包含使用「漢字」。雖然具體傳入的時間並不可考，但至少在六、七世紀的三國（新羅、高句麗、百濟）時期，已可見朝鮮人使用漢字書寫。事實上，因為文字系統的成熟與政治互動上的需要，當時東亞形成所謂「漢字文化圈」，今日的韓國、日本、琉球、越南等地區皆在此文化圈中。雖然如此，朝鮮的漢字使用卻存在著難以跨越的難關——即朝鮮口說「韓語」屬不同語系與漢字有著極大差異。除了發音不同之外，韓語存在許多不存在於漢字，當中的語法用詞。這使得當時的文字紀錄與口語出現極大差異。

為了拉近其中差距，當時的朝鮮人發明了一種特殊的書寫方式——吏讀，藉由填入表音或是表意的漢字呈現韓語語法。例如1415年《養蠶經驗撮要》中，原本漢字語句：「蠶陽物，大惡水，故食而不飲❶。」經過吏讀後變成：「蠶段陽物是乎等用良，水氣乙厭却，桑葉喫破遣，飲水不冬。」吏讀雖然使文字紀錄更為貼近朝鮮口語，但也使原本的漢字語句變得混亂，表音、表意與一般漢字參雜其中更難理解。此外，雖然比原本的漢文貼近朝鮮的語法，但吏讀所使用的仍然是漢字，並未降低學習文字的門檻。以上種種使得吏讀這種書寫系統僅流行於官吏之間而未能普及。

❶
漢文直譯：蠶是陽物，因而討厭水氣，所以只喫桑葉而不飲水。

為使平民百姓能更為輕鬆的學習文字，世宗大王最後與當時學者一起發明一套拼音文字——諺文。這套由二十八個字母組成的文字系統，不僅貼合朝鮮口語，而且比漢字更容易學習。稍後，世宗大王頒布《訓民正音》一書推廣諺文，並於詔令中陳述創造諺文的動機，就是要人人都

能很容易的學會韓文，達到韓國文化的口耳相傳之用。

　　當年病中手不釋卷的少年，終於創造出一套更為簡便的文字，使天下人都能和他一樣享受知識的樂趣。披荊斬棘的改革之路雖是為了便民，但世宗大王發明諺文的舉動仍然引來朝臣非議。朝臣指出，諺文若是流傳至中國，未免有愧於朝鮮「事大慕華」的名聲；而使用諺文更是「自同於夷狄」的自棄之舉。這些考慮，無一不與中國有關。

　　如同前面章節所提，秦漢以降，東亞存在「天下」秩序，這套秩序同時與「華夷」觀念結合，使用儒家文化、漢字的天子轄下為「中華」，是文化的象徵；與此相反則為「夷」。而夷可透過接受教化轉變為「華」，成為有文化的一員。「天下」、「華夷」等成為當時東亞的政治與文化秩序。朝鮮半島歷來與中國政權互動密切，自也參與其中。

朝鮮半島上的政權長期視中國政權為宗主，並根據《孟子》中的「以小事大者，畏天者也」、「畏天者保其國」等語提出「事大」之說，意思是相對弱小的朝鮮王朝需藉誠心事奉強大的中國，方能確保國家安穩。從朝鮮政局來說，「事大」確實帶來實質上的好處，對內可以提昇朝鮮國君的政治地位以壓制國內其他勢力；對外則能更順利的與中國往來通商獲取商業利益。此外，朝鮮和日本長期不睦，與中國交好也是為朝鮮增添保障。

　　由於朝鮮半島很早便已與中國政權互動，長期仰慕中國的文化，對於從中國傳入的漢字、朱子學無不趨之若鶩；甚至因為長期受到中國禮樂、典章、文字薰陶後，朝鮮還自詡為小中華，以別於其他稱「夷」的東亞國家。因此，當世宗大王提出要自創文字時，在朝臣眼中，這無疑是拉低朝鮮身價，與「蒙古、西夏、女真、日本、西蕃」等夷狄為伍的不智之舉。

　　事實上，世宗大王也無意挑戰「事大慕華」的傳統。他在位期間，曾數次向明帝國提出有意送學生前往中國學習漢語、以強化朝鮮譯官的漢語學習；而譯官之責主要即是用於招待明帝國的使臣，從這裡也可窺見世宗大王對於與明帝國往來的重視。甚至在1450年世宗大王逝世的諡文中，也可看見時人讚譽世宗大王誠心「事大」。由此可見，世宗大王發明諺文的目的，最主要仍在於解決漢字與朝鮮口語相差太遠、致使人民難以識字的現實問題，而非有意破壞朝鮮與中國之間的關係。

　　然而，世宗大王終究是低估了朝鮮貴族、臣子對於「事大慕華」的追求，在他死後數百年間，諺文仍未能受到重視。朝鮮的文字使用狀況出現了社會階級分層：高知識分子與貴族仍然維持使用漢字、一般官員則多使用吏讀，而諺文則淪為孩童、婦人等使用的文字。

　　不過，二十世紀以降，世宗大王發明的諺文卻展開絕地大反攻，漢文的影響力則快速消逝，朝鮮半島二十世紀後興起的民族自決意識有

關。1910年，朝鮮半島成為日本的殖民地，殖民期間，韓國人面對日本種種「去韓國化」的政策下，反而強化韓國人對於自身文化的熱忱，其中即包含使用自己國家的文字。

第二次世界大結束後，朝鮮半島重獲自由。雖然很快的爆發韓戰，朝鮮半島分裂成今日北韓與南韓，但兩國在戰後民族主義的影響下，不約而同的廢除漢文、推行諺文。北韓在建國之初即全面廢止漢文、獨尊諺文；南韓廢除漢文的趨勢雖然較緩，但在1970年代主張使用諺文的總統朴正熙的強烈推廣下，漢文也漸次消失在南韓世界中。

世宗大王後來經常成為韓國影視作品的主角，透過講述他的故事，除了傳達後世的感念，也透露了韓國人對自身文化的驕傲。這或許正是今日韓國世宗大王依然無處不在的關鍵。

知識吧！

二十世紀下半葉，東亞文化史上的一件大事，就是「韓國廢除漢字」！但是這個行動也帶來了一個嚴重後果：影響朝鮮半島的歷史文化傳承。因為朝鮮半島近千年的歷史裡，絕大多數的歷史典籍、文獻甚至文學作品，都是用漢字書寫成的。於是在「廢漢字」後，許多學生不但看不懂典籍，甚至連名勝古蹟的地名也看不懂。不過隨著經濟、觀光、政治、教育等多重影響和需要下，漢字已經悄悄在韓國復活，甚至2019年起，韓國小學五、六年級的品德、社會、數學、科學等課本中標注漢字。至於未來會如何？相信會是韓國社會需一再檢視的課題之一。

韓國著名古蹟——光化門。

大事紀

- 1392年　李成桂登基，建立朝鮮王朝。
- 1397年　世宗出生。
- 1418年　太宗禪讓，世宗即位。
- 1419年　己亥東征，清除對馬海峽倭寇的侵擾。
- 1422年　太宗去世，世宗掌握大權。
- 1429年　朝鮮第一部農書《農事直說》。
- 1433年　派金宗瑞擊敗女真兀狄哈部落，鞏固了對朝鮮半島東北部咸鏡道
  等地方的統治。
- 1442年　朝鮮歷史上第一個測雨器。
- 1443年　《訓民正音》的編輯和諺文書寫系統的發明。
- 1450年　世宗去世，初葬廣州獻陵，後移葬驪州城山英陵。

還好有中文，要不然
ooxx字好難懂！
我以前來的時
候都沒中文！
201
시 청
City Hall
市廳
202
을지로입구
243
충정로

第七章
亦敵亦友的戰國名將

豐臣秀吉&德川家康

職業：日本戰國三傑及實質統治者 生存年代
生存時代：豐臣秀吉1537～1598年；德川家康1543～1616年
榮譽事蹟：豐臣秀吉由平民成為統一日本100多年混亂局面的「天下人」武將；
德川家康開創江戶幕府統治體制，帶領日本進入長達兩百多六十多年的和平期。

　　提起日本戰國時代的著名武將，許多歷史或電玩迷都對「戰國三傑」——織田信長、豐臣秀吉、德川家康的英雄事蹟琅琅上口。他們三位不但改寫了日本的歷史，在東亞的政治舞臺也相當活躍，特別是多次征韓並曾與明帝國交戰的豐臣秀吉，提出了「以日本為中心」的天下觀，對後世日本的積極對外擴張影響深遠。

終結戰國時代的豐臣秀吉

豐臣秀吉原為日本鄉下的一戶下級武士，本名木下日吉丸。他曾多次改名，直到天正天皇賜姓「豐臣」後，才確定了自己在天下的地位。豐臣秀吉成長於日本戰國時代，此時日本各地充斥著由武士集團建立的政權，他們坐擁土地與武力，無須天皇或是幕府的任命，在各地自封為城主，被稱之為「戰國大名」。大名間為擴張勢力而征戰不已，武士也得以透過戰爭獲取地位提升。家境清寒的豐臣秀吉，自然也是透過參與戰爭改變地位。他在十七歲時開始跟隨當時勢力最大的大名織田信長四處征戰。在與淺井長政一戰後，豐臣秀吉因功受封為城主，正式開啟他的雄圖霸業。此後幾年間，豐臣秀吉持續擴張其勢力範圍。

1582年本能寺之變後，豐臣秀吉打敗發動兵變的明智光秀，為織田信長報仇，並接手了織田信長的勢力範圍，成為當時最有勢力的大名。自此開始，他持續攻打不服從自己的各地大名，最終在1591年，完成日本本州、四國、九州三島的統一，結束了紛亂的戰國時期。

大阪城，位於日本大阪市中央區的大阪城公園內，為大阪名勝之一，和名古屋城、姬路城並列日本歷史上的三名城，別名「金城」或「錦城」。在桃山時代是豐臣秀吉的居城、豐臣政權的中心。在豐臣時代，大阪城曾經是全日本規模最大的城郭。

對於豐臣秀吉而言，統一日本不僅是紛亂局面的結束，更意味著新秩序的開始。豐臣秀吉希望建立的新秩序，並不僅限於日本境內，而是包含需遠渡重洋方能抵達的中國，即當時的明帝國。豐臣秀吉何以對於遠在海外的中國感興趣呢？這與東亞長期以來的國際秩序有關。

天下夢的嘗試與頓挫

秦漢以降，東亞國際間存在一種「天下」❶秩序，因此，周邊如日本、朝鮮等地，皆有向中國朝貢、受到冊封的紀錄。如三國時期，日本與朝鮮半島上的統治者先後向曹魏朝貢，並受封為親魏倭王、辰王。

隨後，中國進入魏晉南北朝、遼金元等混亂局面，北方遊牧民族紛紛入主中原。對於日本人而言，那些文化不盛的北方民族也能入主中原，遂使以中國為中心的天下觀越來越難以服人。進而，日本自身也在傳統神道教與佛教的影響下，逐漸發展出日本乃「神國」、應以日本為另一個天下中心的論述。這些想法在戰國時期、日本局勢混亂的狀態下自然無法落實。然而，當豐臣秀吉結束戰國、統一日本後，取代中國、成為新的天下中心的想法便開始誘惑著豐臣秀吉向外擴張。

在攻打朝鮮之前，豐臣秀吉已嘗試向周邊如琉球（今日沖繩）、高砂（臺灣古名）等地宣示新的秩序的存在。例如豐臣秀吉即曾要求琉球國王提

❶
所謂的天下秩序指的是，以天子與其治理區域視為天下的中心，漸次向外擴張的一套規範。在這套體系中，天下的中心為當下的中國政權，而天子所指自然為中國的皇帝。

豐臣秀吉

龜井茲矩

供賦役，並認為日本對於琉球土地擁有支配權，所以當家臣龜井茲矩表達想要琉球時，豐臣秀吉才會毫不猶豫的在團扇上手書「龜井琉球守」並賜給他。

攻打朝鮮無疑是豐臣秀吉擴張天下的過程中最為激烈的作法，而此舉亦對豐臣秀吉的政權帶來影響。戰爭過程對於人力、資源的消耗自不待言。而當中、韓聯軍擋下豐臣秀吉的大軍，不僅遏阻豐臣秀吉的野心，也反噬豐臣秀吉所建立的豐臣政權。在豐臣秀吉猝不及防的去世之後，原為家臣的德川家康崛起；而豐臣家的武力於朝鮮之役中大傷，無力與之抗衡。最終，在朝鮮之役結束後的二十年間，豐臣秀吉之子豐臣秀賴被迫切腹自盡、德川家康取得了政權，日本歷史遂告別豐臣政權，進入江戶時代的新篇章。

開創江戶幕府的德川家康

德川家康在1543年出生於武將世家。本名松平竹千代，此後又陸續因故改名為松平元信、松平元康、松平家康。直到1566年，德川家康自稱其有日本貴族血統，並在當時朝廷的應允之下，改姓「德川」，「德川家康」之名從此登上歷史舞臺。

德川家康年輕時在東海道大名今川義元家中擔任人質，直到1560年今川義元在桶狹間之戰中為織田信長殺害，才得以離開今川家的掌握與織田信長結盟，史稱「清洲同盟」。此後幾年間，德川家康持續發展自己的勢力，並與幼時玩伴、當時最強大的武將織田信長維持良好關係。

1582年織田信長遭家臣明智光秀叛變、自盡身亡，史稱「本能寺之變」。其後，豐臣秀吉成為日本新一代霸主。德川家康在政治與戰略考量下，選擇臣服豐臣秀吉。1598年，豐臣秀吉在攻打朝鮮的過程中猝死，由年僅六歲的獨子豐臣秀賴繼承大位，豐臣政權陷入內鬥。德川家康於隔年關原之戰後，擺平豐臣餘部，並於1603年，正式被天皇冊封為

征夷大將軍，創立江戶幕府，開啟了此後兩百多年的江戶時代。

江戶鎖國與天下夢的潛伏

德川家康在獲得政權之後，相較於豐臣秀吉更為重視國內的掌握。陸續頒布了一國一城令、武家諸法度等，限制且削弱各地大名的軍事力量。此外，德川家康也積極把持相關內政，如朝廷的運作、各地物資的管理等。可以說，德川家康在武力上獲得壓倒性的優勢之後，更進一步嘗試將權力滲透進日本的各個層面，以求能完全掌控日本。知名的「鎖國令」，即在此一背景下而頒布。

不過，與其說此時的日本「鎖國」❷，不如說江戶幕府實施「海禁」。例如實施海禁的同時，江戶幕府仍開放松前藩、對馬藩、薩摩藩與長崎四個口岸可對外貿易，貿易對象則限制在朝鮮、中國、琉球與荷蘭等四國。由於日本一些民生必需品須由朝鮮、中國、琉球等地提供，因此允許這三個地方對日貿易很合理，但荷蘭或許是其中最特別的。荷蘭透過遵守幕府的各項規定，並僅在海上與日本人進行交易，因而得以成為江戶時期唯一得以與日本貿易的西方國家。由此可見江戶幕府對於掌握國內秩序的決心，而從日本國內的政治發展來看，此一系列的控管也確實為江戶幕府帶來政治上的安定，徹底告別戰國時代的亂局。

雖然為求安定，相較於豐臣秀吉的對外征伐，德川家康選擇和緩對外的行動，並且主動向朝鮮示好，但這並不意味日本停下對於重整天下秩序的嚮往。從德川家康在1610年送往明朝的文書中即可看到，德川家康自稱教化所及：「朝鮮入貢、琉球稱臣，安南、交趾、占城、暹邏、呂宋、西洋、柬埔寨等蠻夷之君長酋帥，各無不上書輸贄。」意思是說日

❷

「鎖國」一詞實際上是西方視角下的產物，將他國對於海外貿易、往來的掌控視為負面的、落後的象徵。然而，如果我們考慮德川家康自掌政以來一系列收編權利的政治活動，就能理解實際上江戶幕府並非不願與外國來往，而是希望來往過程能在江戶幕府的掌控之下。

本現在很強大，周邊許多國家已經都開始來稱臣了。這段文書內容雖然不一定屬實，但無疑呈現出德川家康仍視日本為周邊國家的中心，所以朝鮮需向日本朝貢，而琉球需向日本稱臣。此類言論在江戶時代的學者中屢見不鮮，可見以日本為中心的天下觀在江戶時期的延續。

日本東亞中心的天下觀

江戶時代雖然看似停止對外擴張，但這並不意味著豐臣秀吉以來以日本為中心的天下觀的消逝。江戶時期對天下的討論，延續了豐臣秀吉以來的天下論述。十八世紀後，西方勢力強行進入日本，迫使幕府結束鎖國，最後將政權「大政奉還」給明治天皇，並開啟了一連串西方的改革。然而，從日本的行為與論述中，仍可見到豐臣秀吉以來天下觀的影響，例如積極將琉球納入版圖，並發動對朝鮮半島的侵略與甚囂塵上的征韓論，乃至於後續的「大東亞共榮圈」的論述，無一不是延續著以日本為東亞中心的天下觀，豐臣秀吉天下觀所形塑出來的東亞秩序，直到二戰結束之前，仍然深深影響日本人對於東亞的認知。

大事紀

- 1537年　豐臣秀吉出生於尾張國愛知郡中村（今日本愛知縣西部）。
- 1542年　德川家康出生於三河國岡崎城（今日本愛知縣岡崎城）。
- 1582年　明智光秀發動本能寺之變，豐臣秀吉取代織田信長。
- 1590年　伊達政宗等來降，豐臣秀吉統一日本，並於隔年擔任太閣；同年，德川家康受封關東地區，進入江戶城（今日本東京）。
- 1592年　豐臣秀吉發兵攻打朝鮮。
- 1598年　豐臣秀吉去世，享年六十一歲。朝鮮一役亦於同年結束。
- 1599年　關原之戰，德川家康戰勝，獲得統治權。
- 1603年　德川家康正式被冊封為征夷大將軍，創立江戶幕府。
- 1615年　德川家康頒布一國一城令和武家諸法度等政策，以限制地方大名的權力。
- 1616年　德川家康去世，享年七十四歲。

第八章
學問和政務都兼顧的明君
康熙皇帝

職業：清帝國皇帝

生存時代：1645～1722年年

榮譽事蹟：精圖治，開創清帝國初期的盛世，促進中西文化的
交流。

　　十七世紀發明微積分而著名的德意志數學家萊布尼茲曾力讚康熙皇帝的雄才大略，能讓歐洲的技藝和科學更好的輸入中國，並達到中西合璧的效果。如此高的讚譽，很難想像萊布尼茲其實從來沒有來過中國，當然也從來沒有見過康熙皇帝本人，因此更顯示康熙皇帝的聲名遠播，不但建立清帝國初期盛世的基礎，也是當時中西文化得以頻繁交流的關鍵人物。

中國宮廷中的歐洲傳教士

　　明代末年，西學東漸，以利瑪竇為代表的耶穌會傳教士來華，天主教目的雖然是為了傳播基督教，但他們用以與中國士大夫交往的媒介——西方科學文化知識，反而開啟了中西文化交流的契機。耶穌會傳教士中，有人參與中國天文曆法的改進與修訂；有人製造氣象相關的儀器，如象限儀、平懸渾儀、望遠鏡等；有人引入西洋的武器技術製造火器，如佛朗機銃、紅夷砲。明帝國滅亡清帝國取而代之入主中國後，這些西洋傳教士受力薦得以繼續在朝廷任官，年幼即位的康熙皇帝在此薰陶之下，對西洋科技與知識並不陌生。

　　康熙皇帝即位之初，傳教士湯若望和南懷仁遭人誣告入獄；數年後南懷仁向已親政的康熙皇帝，指出並證實當時傳統曆法的錯誤，從此受到重用，因而得以在清帝國推行耶穌會傳教士制訂的新曆法。為了不讓西方科學知識專美於前，康熙皇帝決意向西洋傳教士學習天文曆算與西方的數學知識，例如向南懷仁請教數學，或是由安多、白晉等西洋神父教授幾何學、三角代數、靜力學和天文學等知識，並傳授天文儀器和數學儀器的使用方法。

　　康熙皇帝也專門派人教導西洋傳教士滿語，希望能夠以滿語和傳教士溝通，以便更有效率的學習西方知識，並且將諸多科學著作《幾何原本》、《數學概要》、《理論與應用幾何學》等翻譯為漢、滿兩種語言。此外，這些西洋傳教士還編纂《時憲曆書》、《靈臺儀象志》、《律曆淵源》等書，改良中國曆法；製造便於攜帶的精巧火砲，成為平定

有了渾天儀，上知天文，下知地理！

三藩之亂的重要關鍵；康熙皇帝也成立中國最早的西藥製作坊，製造的多種藥品除了作為御用之外，也分賜給官民，其中最為知名的便是稱為金雞納霜（又稱奎寧）的瘧疾特效藥。

康熙皇帝還要求皇室子孫學習這些西洋科學技術，例如：三皇子允祉便將論述算法的《數理精蘊》、論述曆法的《曆象考成》、論述樂理的《律呂正義》三書合為一部《律曆淵源》，成為當時中國自然科學的代表性的巨著，除了傳入的西學之外，更包含中國歷代以來傳統的曆算及聲樂精華。

康熙皇帝勤奮好學、追求知識的形象從傳教士們的言談紀錄中傳回西歐，萊布尼茲便是在這樣的情況下和康熙皇帝成為筆友，他甚至還託人將一臺二進位的計算機帶到中國，贈與康熙皇帝呢！此外，法國太陽王路易十四同樣也因知道康熙皇帝熱衷於西方科學，與他多有書信往來，還派遣更多傳教士來到中國，促成一代中西文化交流的繁盛面貌。

安內攘外，拓展疆域

康熙皇帝受到古今中外的高度讚譽，並不只是因為他醉心於知識，推崇西方科學，更因為他有著開疆拓土的實績。《清史稿》推崇康熙皇帝「雖曰守成，實同開創」，這也是康熙皇帝之所以有著「聖祖」廟號的原因。

康熙皇帝即位之初，距離清帝國入主中國僅二十年，國內依舊存在許多不安定的因素。無論是雲南藩王吳三桂發動的「三藩之亂」，還是鄭成功與施琅在臺灣進行的軍事抗爭，對清廷來說都是急需解決的問題。因此康熙皇帝在1681年先平定三藩，並在兩年後派遣施琅攻臺，將臺灣正式納入清帝國統治版圖。在平定孤懸海外的鄭氏政權後，康熙皇帝也廢除了行之多年要求沿海居民遷入內地「遷界令」，正式宣布「開海」，允許百姓出海經商，一時之間東亞貿易空前繁盛，其中又以日本長崎

港為最。中國商人除了將瓷器、茶葉、布匹銷往日本外，更將歐洲的商品高價轉銷，一時之間日本用以交易的黃銅、白銀等貴金屬大量外流，迫使德川幕府不得不頒布禁令，規定長崎港每年的貿易總額，以穩定日本國內商業市場。

　　面對西北邊疆虎視眈眈的強鄰俄羅斯，康熙皇帝也不甘示弱，迅速的出兵給予痛擊。在兩次雅克薩戰爭告捷後，兩國簽署《中俄尼布楚條約》正式畫定中俄邊界，確保北方邊境安穩。為了安定北方草原情勢，康熙皇帝更三次親征準噶爾，帶領大軍深入西北地區，將準噶爾部勢力盡皆剷除。統一漠北蒙古後，康熙皇帝也制定了和睦親善的民族政策，以「多倫會盟」調解喀爾喀蒙古各部的矛盾以取代戰爭，進一步加強對蒙古的統治。

康熙皇帝在位六十一年，是中國歷史上在位時間最長的皇帝。他統治著當時世界上幅員最遼闊、人口最多、軍力最強盛、實力最雄厚的帝國，又兼容中、西的學術文化底蘊，使清帝國的科技與學術與西方諸多國家比肩，在促進中西文化交流的同時，他也展現雄才大略，拓張國家疆域，成就盛極一時的文治武功，並促使當時的歐亞大陸經濟貿易的繁盛往來，對當時東亞各國的經貿與文化發展，有著相當程度的影響。難怪就連當時在清帝國宮廷中的西洋傳教士，都讚譽他是「人世間無與倫比的帝王」呢！

大事紀

- ⊙ 1654年　玄燁生於紫禁城景仁宮。
- ⊙ 1661年　順治皇帝駕崩，玄燁即位，改年號康熙。
- ⊙ 1667年　詔告親政。
- ⊙ 1669年　施行傳教士南懷仁推算之曆法，任命南懷仁為欽天監監副。
- ⊙ 1673年　雲南藩王吳三桂起兵反叛，三藩之亂始。
- ⊙ 1683年　臺灣納入清帝國版圖。
- ⊙ 1689年　簽訂《中俄尼布楚條約》，確定中俄東段邊界。
- ⊙ 1714年　將《數理精蘊》、《曆象考成》、《律呂正義》三書合為一部，名為《律曆淵源》。
- ⊙ 1718年　《皇輿全覽圖》繪製完成。
- ⊙ 1722年　病逝於暢春園寢宮，享年六十九歲。

第九章
日本邁向現代化的舵手
明治天皇

職業：日本天皇
生存時代：1852～1912年
榮譽事蹟：推動明治維新，引入西方制度，將日本改造為君主
立憲國家，全面走向現代化。

　　提及日本天皇，多數人對現任的德仁天皇可能都不太熟悉，反倒對十九世紀末期延續至二十世紀的明治、大正、昭和等三位牽動世界史的天皇印象深刻。特別是明治天皇時期推動的一連串西化革新，不但促使日本的國家發展逐步現代化，卻也同時是日後走向帝國主義與軍國主義的起點。

解鎖眾多「第一次」的明治天皇

1852年9月22日，皇子睦仁誕生在外祖父中山忠能的家中，一年後還在襁褓中的睦仁，並不知道美國水師提督培里所率領的美軍艦隊駛入江戶灣，對當時日本社會帶來巨大的衝擊。培里的黑船終結了日本百年來鎖國的局面，在強大武力的震懾下，江戶幕府被迫與美國締結《神奈川條約》。對於幕府所簽訂的條約，主張維持現狀的孝明天皇非常不滿，為此，他極力推動「公武合體」，主張以朝廷權力支持德川幕府推動「征夷」，企圖讓外國人離開日本。

但是，力挺幕府的孝明天皇卻在不久之後就因天花病逝，改由以西鄉隆盛、中山忠能等為首的倒幕派（主張推翻幕府）大臣掌握政局，最後，幕府的權力終於在睦仁即位為明治天皇的隔年宣告終止。自此，日本脫離了長達五百多年的幕府時代，踏入由天皇掌政的新時代。這時，睦仁年僅十六歲，還無法掌握實權，於是，日本就在倒幕派大臣主導下，以維持「萬世一系❶」的天皇政體為前提，開始了邁向現代化的維新改革。

❶

日本天皇制是世界最古老的王室，從首任神武天皇（傳說西元前660年登基）以來一脈相傳，稱為「萬世一系」。

在諸多的改革中，與日本天皇最有關的是「君德培養」：選拔具備和（日本）、漢（中國）、洋（西學）多元學問的學者，協助培育天皇成為合格的一國之君。睦仁在多元文化資源中的薰陶下成長，解鎖了許多「數百年來第一次」的成就，例如他是數百年來首次以「一國之君」的身分，接見外

西元1867年10月，德川慶喜在二條城舉行了大政奉還的儀式；天皇頒布《王政復古令》。

政權

國人的天皇；第一位踏出京都，親眼見到大海的天皇；第一位把自己的生日訂為國定假日「天長節」的天皇；更是有史以來第一位穿上西式軍服，以西式料理宴請百官和外國使節，自稱「天皇大元帥」的天皇。此後，受西學與近代觀念薰陶的睦仁逐漸熟悉政務，在二十歲時開始參與朝中大臣的討論。不過由於睦仁年紀尚輕，雖嘗試居中裁決大臣間頻繁衝突的不同看法，仍容易受朝中各派人馬左右，成為他們拉攏的對象。

明治維新後一躍成為工業強國

明治11年（1878年），主導政權的大臣大久保利通遭到暗殺，犯行的刺客來自「愛國社」，他對於當時朝廷諸多決策仍出於專斷的掌權官吏，而不是出於天皇的意志感到不滿。這時大臣們才驚覺，年輕的睦仁看法往往被輕忽，在人們看來，天皇如同一名傀儡，即使建立現代化國家體制也不能讓民心信服。刺客的聲明讓朝臣醒悟，於是奏請天皇「萬機親裁」，親自涉入政務。此後，睦仁正式履行天皇的職責，每天親臨內閣參與對朝政的討論。

日本明治維新時期三位代表人物，史稱「維新三傑」。

大久保利通　西鄉隆盛　木戶孝允

確立執政基礎後，明治天皇透過內閣總理大臣伊藤博文與其他內閣大臣的協助，展開了一連串政治改革，希望可以在平等的基礎上將日本改造為世界上最強大、最文明的國家之一。因此，首要之務就是破除舊時代的「陋習」。

為了讓社會「文明開化」，將過去基於儒學的士、農、工、商四個階層，重畫為「華族」（貴族）、「士族」（武士）、「平民」三個階層，並陸續撤銷過去關於職業與交往的限制。其次，透過有計畫的收回幕府時代各地大名的權力，推動「廢藩置縣」，改由中央指派的縣官統治，以加強中央對地方的控制。第三，藉由削減武士俸祿、剝奪武士帶刀的權力，結束了以武士作為職業軍人骨幹的舊系統，建立以徵兵制為基礎的新軍隊。

同時，政府也積極推動「殖產興業」，以現代化的基礎建設，發展經濟並培植工業。透過設立銀行、郵局、電報局、電話局、鐵路公司、紡織工廠，使日本逐漸邁向現代化。此外，更將原本的官營企業轉由私人經營，促使國內商人積極革新工業，帶動日本經濟大規模的成長。

在作為國家根本的政府體制方面，則制定規範國家政體與天皇權力的《大日本帝國憲法》，確立內閣制度；同時，也制定規範皇族繼承與結構的《皇室典範》，使日本正式邁入近代化立憲國家的行列。

《大日本帝國憲法》確立天皇「萬世一系」的地位，並賦予天皇制定法令的權力。不過，天皇的權力同樣也受到憲法規範，必須按照法令來處理國家政務。同時，設立各類國務大臣輔佐天皇制定法律、飭令與處理政務，法律頒布前必須經過帝國議會同意，天皇的飭令也需要國務大臣附核才會生效。這些規範說明天皇在日本雖然具有崇高的地位，但仍須依法行事，不能任意干涉各項事務。例如在1891年，俄國皇太子來訪遭人刺傷，明治天皇要求按皇室規範將行兇者處死，但法院仍僅判決無期徒刑，即說明天皇需要依法行事，且受法律規範。

明治天皇制定並維護憲法，獲得廣泛的好評。作為一名君主，他大可恣意施展權力，不必同意通過憲法；然而，為了使國家邁向近代化，明治天皇甘願限制自身的權力依法行事，並以身作則給予臣民遵守律法的典範。

這一系列的改革，被稱為「明治維新」。在許多政策方面，與其說是模仿西方，不如說是在舊時代的基礎上，建立符合社會經濟環境的新政策。即便是較具有西方色彩的立憲與經濟改革，明治維新也不照搬西方制度，而是根據日本獨特的國情，塑造了深具日本色彩的現代社會。

戰爭與軍國主義的興起

1894年，朝鮮（今韓國）爆發東學黨之亂。當時，朝鮮向清帝國請求派兵協助鎮壓，然而，此舉對於嘗試與清帝國共同瓜分朝鮮支配權的日本政府而言，自然是無法接受，因此，日本由伊藤博文代表提議日、清兩國共同聯手鎮壓朝鮮的叛亂，戰後則由兩國各自派出代表協助朝鮮改革財政與軍備。雖然這項提議被清政府拒絕，但日本仍決定介入朝鮮的改革。

在日軍進入朝鮮首都漢城的王宮後，朝鮮國王的父親也不得不賦予日軍協助朝鮮國政改革的權力。朝鮮對日軍的降服，點燃了日清之間的戰火，開啟1894年甲午戰爭的序幕。

這是自十六世紀豐臣秀吉出兵朝鮮以來，日本人第一次在海外與外國人交戰，對於日本人而言，甲午戰爭的勝利代表他們正式躋身第一流先進國家的地位。日本著名的思想家福澤諭吉便指出對清帝國開戰的必要性：「清帝國干預朝鮮的內政，實際上是一種妨礙文明開化的無恥暴行，與其說這場戰爭是兩國間的爭鬥，倒不如說日本是『為世界文明』而戰。」由此可見，日本自詡為「進步」的擁護者，企圖以此作為支配東亞的法則，透過攻打「退步」的清帝國，「進步」的觀念將隨著日本

的勝利，引領東亞邁向政治、教育、宗教、通商的自由。戰爭結束後，中日雙方簽訂《馬關條約》，日本獲得臺灣和澎湖群島的主權以及巨額賠款，明治天皇也成為臺灣最高統治者。

日本在甲午戰爭中獲勝，證實了明治維新的成功，同時也向西方列強宣示──日本是東亞地區最近代化的強國，對日本國內軍國主義的擁護者更是莫大的鼓舞。1904年，日本又與俄國針對朝鮮與中國東北的統治權起了嚴重的衝突，因而爆發日俄戰爭。很快的，日本打敗了在東亞地區駐軍較少的俄國，這也是近代史上，亞洲國家第一次在戰爭中打敗歐洲國家，使得日本的國際地位直線上升，躋身成為與歐美各國無異的新帝國主義國家。

1887年的一幅諷刺畫，大清、日本及沙俄爭釣一條寫有「朝鮮」的魚。

在日本獲得國際廣泛重視時，明治天皇卻對國內政局有著些許顧慮。事實上，日本作為內閣制的國家，朝廷大臣得以實質參與政務，因此很多時候，日本走向戰爭並非由天皇支持，是朝中不同派系的大臣商議的結果。

另一方面，明治天皇也對於日本在軍國主義盛行之下的擴張，是否能持續保有東亞的和平與安定感到憂慮，實際上，明治天皇十分重視與列強之間的協商，他認為戰爭是最後不得已的手段。因此，他善待作為人質的朝鮮皇太子李垠，讓他擁有與日本皇太子同等的待遇，將日本與朝鮮未來的外交關係，寄託在這位未來的朝鮮國王身上。

開啟日本在東亞史的全新篇章

可惜的是,明治天皇的擔憂終究還是發生了。繼任的大正天皇與昭和天皇,同樣無法抵擋日本國內甚囂塵上的軍國主義,更難以從中調停國家走向戰爭的趨勢,最終造成日本君主立憲體制的崩壞。二十世紀邁向戰爭的日本,無疑是東亞地區最令人忌憚的存在,在軍國主義的驅使下,日本以「近代文明」所代表的「善」,來遮掩軍事侵略的「惡」,雖然一時戰勝,成為東亞霸主,但是一朝戰敗,卻使日本人民付出慘痛的代價。

明治天皇和他所主持的明治維新,讓日本從封閉島國,一躍成為東亞最先進國家,這對近代亞洲和整個世界的局勢來說都是舉足輕重的改變,更成為明治天皇留給後世最大的貢獻。

大事紀

- 1852年　出生,命名為祐宮。
- 1860年　立為皇太子。
- 1866年　父親孝明天皇逝世。
- 1867年　幕府大政奉還,天皇得以掌政。
- 1868年　舉行即位典禮,迎娶皇后。
- 1871年　開始在東京生活,京都成為日本名義上的首都。
- 1873年　全國改用西曆。
- 1877年　開始以天皇名義發布正式公文書,大臣也隨之開始推行天皇親政運動。
- 1889年　頒布《大日本帝國憲法》、《皇室典範》,冊立兒子嘉仁為皇太子(日後的大正天皇)。
- 1894年　對清帝國宣戰,並親自到廣島軍營督軍。
- 1895年　簽訂《馬關條約》。
- 1901年　孫子裕仁(日後的昭和天皇)誕生。
- 1912年　因病逝世,享年五十九歲。

第十章
讓泰國進行一次性能大升級
拉瑪五世

職業：泰國國王
生存時代：1853～1910年
榮譽事蹟：泰國現代化之父，且避免國家淪為列強殖民地。

　　十九世紀西方帝國大舉推進亞洲時，泰國是唯一沒有淪為殖民地的東南亞國家。當時泰國西邊和南邊的鄰國：緬甸及馬來西亞，是英國的殖民地；東邊的越南、寮國和柬埔寨，則是法國的勢力範圍。夾在英法兩大帝國勢力之間，泰國之所以仍保有主權的完整性，就得從泰王拉瑪五世朱拉隆功的改革說起……

現代泰國的締造者

　　位處中南半島的泰國能在列強覬覦下求生成功，先天上早占有優勢。從天然地理位置來看，泰國處於陸塊中央，並非外敵侵略第一道防線，且利用作為英、法兩國殖民地緩衝，成功保全自我。

　　不僅如此，泰國本身是君主集權制度，得以由中央統治者指揮整體性的改革行動，達成全國性的改頭換面。

　　在改革的過渡期，泰王拉瑪五世是最關鍵的人物。

　　拉瑪五世本名朱拉隆功，是泰國卻克里王朝的第五代君主，被譽為泰國現代化之父。朱拉隆功年少之時，即接受英語家庭教師安娜‧李奧諾文斯的教導，習得西方文化知識，並說著一口流利的英語，他透過英語來認識世界且促使他帶領泰國踏出前進的動力。

引進西方制度的改革之路

改革前，有位歐洲人評價泰國：「沒有固定的法典；沒有完整的教育制度；沒有收入和財政的適當控制；沒有郵政、電報事業；債務奴隸制沒有完全取消⋯⋯沒有醫療機構維護城市人民的健康；沒有現代化的軍隊，根本沒有海軍；沒有鐵路，也幾乎沒有公路；曆法亦與世界各國不相吻合。」一針見血地點出泰國「跟不上時代變化」的落後模樣。

朱拉隆功十五歲登基時，因年紀過小而無法親政，政事由樞密院代理，而他則成為第一位踏出國門的國王，在二十歲親政之前，陸續造訪鄰近的新加坡、印尼和印度等西方列強的殖民地，觀摩西式政府體制及先進的設施，作為未來推動泰國現代化的基礎模型。

親政後，朱拉隆功立即頒布廢除奴隸的法令。規定在1868年10月1日（拉瑪五世皇生日）以後出生的奴隸，均在年滿二十一歲獲得自由之身。此舉受到副王❶與貴族們激烈抗爭，還試圖推翻政權，所幸朱拉隆功及時逮捕了反對解放奴隸的領導人。由於這次驚險有餘的經驗，朱拉隆功放慢改革步調，循序漸進推動泰國的改變。才不會造成國內不必要的震盪。因此，一直到1905年，奴隸制度才在泰國走入歷史。

朱拉隆功的改變分為四個層次。

在政府體制方面，朱拉隆功解除了封建體制，人民開始能自由的選擇自己想從事的職業。他也頒布現代法典和建立現代法院制度，確立所有官員統一由中央政府派遣。

財政制度方面，朱拉隆功廢止「包稅制」，統一由中央政府收稅，還把國庫和皇家經費分成兩個帳目，確保皇家用度不耗費國庫收入。

在教育改革上，朱拉隆功設立西式學校（命名為玫瑰園學校），讓在

❶

副王是泰國承襲印度文化圈中的一個頭銜。副王地位僅次於國王，甚至有自己的軍隊，這個傳統職位於西元1885年被拉瑪五世廢除，改由王儲負責協助政務。

寺院學習不再是唯一就學選擇；另提供獎學金鼓勵國人赴歐美深造，就連他自己的兒子，也都被送往英國留學，擴增泰國下一代的國際視野。

另外在通訊網絡方面，朱拉隆功則打造了泰國鐵路網雛型，連通泰國東西南北，也創立泰國郵政系統，確保物貨、訊息傳遞順利。事實上，英國政府曾趁機設立郵政總局，泰國境內消息流通差點流落入外國人之手，泰國政府才趕緊急起直追，創設通訊網絡。

在朱拉隆功的運籌帷幄下，泰國迅速改頭換面，成為東亞現代化的典範國度。重要的是，使泰國不至於落入西方列強之殖民統治，還能保有一定程度的獨立性。

作為英法兩強權緩衝國

在謀求泰國自主的過程中，朱拉隆功的外交策略是相當彈性，不但主動出訪歐洲爭取國際盟友，擺脫對英國的依賴，與多國維持好關係，還自願退步割土換取和平。

朱拉隆功1897年的歐洲行，是因為在1893年，法國與泰國之間爆發領土衝突。面對法軍封鎖湄公河，泰國決議「像個歐洲人一樣採取行動」，積極對抗法國侵擾。不過，行動以失敗告終。簽下《法暹條約》後，泰國被迫放棄部分湄公河以東的土地，面積高達泰國三分之一的國土；同時令泰國政府錯愕且傷感的是，與泰國簽訂友好互助協議的英國，竟然鼓勵泰國接受法國無理的要求。因此朱拉隆功發覺不能僅依賴一方盟友，必須多多廣結善緣以達到平衡。在長達兩百多天的歐洲之旅，朱拉隆功訪問了歐洲十國，成為第一位出訪歐洲的亞洲君主，在歐洲帶來前所未有的轟動。

不過，1904年後，泰國接二連三被迫割讓國土予法國，因此1907年，朱拉隆功決定再訪歐洲和法國協商近年來的邊界土地爭議。很巧的是，朱拉隆功出訪之際，法國剛好被德國故意孤立。因而非常需要積

極爭取國際盟友，朱拉隆功得以藉此機會成功與法國達成協議，緩解百年來泰法之間的緊張關係。此外，朱拉隆功順道會見俄國沙皇尼古拉二世，促成1891年尼古拉二世回訪泰國。

拉瑪五世拜訪尼古拉二世

與法國言歸於好之後，泰國的焦點轉向在南方及在西方蠢蠢欲動的英國。為了防堵英國無限制勢力擴張，由南往北威脅泰國的統治，泰國與英國於1909年簽訂《英暹條約》，換取兩國的邊境和平。泰國自願放棄了現在馬來西亞北部四州（吉打州、吉蘭丹州、玻璃市州和登嘉樓州）的宗主權，畫入英國於馬來半島的勢力範圍。

在主動出擊與讓步割土的彈性操作之下，泰國成為英、法兩國於中南半島的緩衝國，維持了獨立自主的狀態，免於淪為殖民地。即便領土縮小了許多，不過泰國及其王室，直到今日仍很活躍，甚至在東南亞外交上有著一定的聲量。

知識吧！

馬來四邦是泰國在二戰期間短暫統治過的一個行政區劃。這四邦分別為今馬來西亞的吉打州、玻璃市州、吉蘭丹州和登嘉樓州。日本入侵馬來亞之後，於1943年將這四州割讓給了泰國。1945年日本投降之後，泰國將這四個州交還給了英屬馬來亞。

泰西文化的融合

　　雖然朱拉隆功悉心考察西方制度，作為變革泰國的參考，力圖強化自身實力與西方列強平起平坐，不過他對西方制度並沒有照單全收，而是會融入泰國既有的文化，從泰服之設計便可見得。

　　泰服，不但是泰西文化合璧的詮釋，也透露朱拉隆功對於泰國現代化的思索。這種新式服裝分為上下兩部分，上半身服飾改成西式服裝，下半身維持泰國傳統服飾。這是因為在佛教信仰內，腳代表著「根基」，有著腳踏實地的意義，故下半身著泰服以示不忘祖本。

　　如今，泰國人除在重要儀式穿著泰服外，也會在節慶時穿上。風格獨特的泰服，是泰國，也是泰國現代化之父朱拉隆功，意圖看齊西方列強但又有意識地保有自我的象徵。

朱拉隆功的革新政策，不但促使泰國走向現代化，使泰國異於東南亞諸國，在西方殖民強權之中維持命脈。泰國從一個剛被世界看見的國家，變為主動走向世界的國家。拉瑪五世時期的大改革，也成功樹立了近代泰國在國際社會的地位。

大事紀

- 1853年　出生於暹羅曼谷皇室。
- 1868年　即位為泰國國王。
- 1870年　出訪印度、印尼、新加坡。
- 1873年　親理政治、廢除奴隸制發軔。
- 1893年　簽訂《法暹條約》。
- 1897年　第一次出訪歐洲。
- 1905年　完成廢除奴隸制度。
- 1907年　第二次出訪歐洲。
- 1909年　簽訂《英暹條約》。
- 1910年　過世。時至今日依然是泰國人民最崇敬的人物之一，泰國每年以他去世的日子10月23日為法定節日（五世王紀念日）以緬懷他的功績。

第十一章
挨一槍少賠一個億的清末重臣
李鴻章

職業：清帝國末期重臣、政治、軍事及外交專家

生存時代：1823～1901年

榮譽事蹟：代表清政府與列強談判，簽訂包括《馬關條約》等
多個不平等條約。

　　翻開中國近代史，晚清重臣李鴻章對中國的發展影響深遠，他一生歷經大小戰事，不但為清帝國建立了一支西式海軍北洋水師，還代表清政府和列強簽訂包含《馬關條約》與《辛丑條約》三十多個不平等條約。有人說這是他人生的汙點，也有人說這是他最大的貢獻，但對於當時幾乎無力面對內憂外患的清帝國來說，李鴻章絕對是撐著清帝國命脈的關鍵人物之一。

曾國藩的幕僚

1823年，李鴻章出生於安徽省合肥縣的書香家庭，兄弟們均受過良好教育。父親李文安則於1834年中舉入仕，並與清代要臣曾國藩同年登榜，兩人關係匪淺，因此李鴻章尚未中舉任官，就已在曾國藩手下實習公務。

1847年，李鴻章二十四歲時考取進士，正式踏入官場，擔任翰林院編修。初為官時，李鴻章在曾國藩的旗下擔任祕書工作，協助撰擬奏章公文，內容嚴謹合理，備受稱讚。但是，李鴻章年輕氣盛，時常與曾國藩及其幕僚爭論不休，難以被拔擢到可獨當一面的位子。直到1861年太平天國之亂延燒到上海時，李鴻章終於得到了嶄露頭角的機會。

組織淮軍平定太平天國之亂

上海於1843年開港通商後，西方各國陸續在此建立租界，以享有獨立的司法、行政權利，同時為保護自身安全，各自在租界設立西式軍隊，協助配置現代化槍砲武器。1861年，太平天國攻占各地時，上海因西方軍事抵禦而未被武力占據，然而城內仍因戰亂經濟衰頹、物資缺乏，商人和仕紳屢屢向北京求援。

當時，清政權漠視上海城民的求助，計畫趁太平軍困於上海之役，下令曾國藩恢復南京故地。頓時成為棄兒的上海城民，找上了李鴻章。

李鴻章看見了機遇——上海這座城市單靠貿易，就有豐富的收入，得以供養軍隊；位於城郊的租界，則由新穎的西方知識滋養著。於是李鴻章自告奮勇，回鄉編練千名淮軍，利用西洋輪船將軍隊運至上海。經過幾個月的鏖戰，李鴻章的淮軍不僅成功將太平軍驅離上海，還一路乘勝追擊善用外國人提供的西洋大砲，收復被太平天國占據的清代舊地。淮軍一戰成名，李鴻章在眾人眼中也不再只是介文人，他不僅獲得外交與軍事的寶貴經驗，重要的是，他站上了仕途生涯的起飛點。

清末洋務運動的推手

李鴻章身處於東亞面臨西方列強侵吞、必須設法自保的時代。十九世紀的西方列強，在工業革命的奠基上發展精實的砲彈船艦，對手持傳統兵器的國家造成重大威脅。繼侵略非洲與美洲之後，西方列強將焦點轉移至東亞這塊待開發的處女地，利用各種手段強取豪奪東亞的天然資源。東亞諸國應變不

及，只得不斷賠款割地及開放利權，以暫時安撫西方列強。

這樣的背景下，李鴻章在追擊太平軍的常州戰役中，親眼見識到西洋大砲的威力。他深切感受到清政府與西方武力的落差，因此和張之洞、曾國藩、劉銘傳等人同倡洋務運動，主張引進西方技術並培訓相關人才，欲打造與西方列強抗衡的軍力。李鴻章在任職江蘇巡撫時籌辦了江南機器製造總局作為清帝國第一座軍事設備生產工廠，同時設立上海廣方言館，培育翻譯西文的人才。對李鴻章而言，清政府若想推行「洋務運動」，必須從設備與知識傳播兩方面雙管齊下。

除了設備以外，交通運輸其實同等重要。如果沒有良好的運送網絡，軍事工業的原料或成品皆無法送達所需之地。以李鴻章為首的洋務派官員支持，由建鐵路（陸路）與造輪船（水路）來解決交通問題。不過，無論是哪種新式交通工具，都備受傳統清官僚非議，例如指責火車軌道破壞風水，火車頭噴出黑煙有害莊稼等。洋務派和傳統派就鐵路議題纏

鬥了十來年，直到李鴻章向慈禧太后展示火車頭及六節車廂跑動的實景，洋務派才得以光明正大地鋪設鐵路。而在知識傳播方面，李鴻章亦在上海設置翻譯館，委聘多位國內外翻譯名家翻譯西方工程技術與西方社會科學的專書，以推廣國內學習西方技術與思想。同時設立學校教授外文、算學與輿地等西洋學科。

1871年，李鴻章主持了三十名十三至十四歲幼童官派留美，期使藉由美國沉浸式環境訓練出具西方思維的人才，待幼童成年回國後，發揮所學為國效力。這批留美幼童學有所成後，在各領域發光發熱，包括工程師、外交官、政治家與實業家。

除此以外，李鴻章還聘用不少洋幕僚，協助提供軍事設備採購的相關建議。以西洋大砲的選購為例，當時款式眾多，但最後由德製克虜伯大砲的雀屏中選，便是李鴻章詳細了解該產品重量輕、射程遠的特色後所做的採購決定。直至克虜伯大砲進口，李鴻章不但派員學習操作、維護與仿製克虜伯大砲的技巧，更送優秀人才至德國精研技術，知名的北洋派軍閥段祺瑞便是其中之一。

毀譽參半的評價

不過，李鴻章洋務運動最重要的成果之一——北洋艦隊，卻在1895年甲午戰爭全數遭到摧毀。李鴻章背負著舉國譴責，隻身前往日本談和，臉部中了槍，簽下了《馬關條約》。1901年，李鴻章簽下《辛丑條約》（八國聯軍後，清政府與各國簽訂的不平等條約）不久後，身故。回顧一百多年來，李鴻章的的評價相當兩極。外國人對他讚賞有如「東方的俾斯麥」、「唯一能與西方列強一決高下的清國大臣」等肯定；國內則有如清末政治家梁啟超的「坐知有洋務而不知有國務」，以及對聯「宰相合肥天下瘦」等抨擊。

事實上，李鴻章的洋務運動自始自終缺錢辦理，得透過地方稅金自籌

餉銀，更遭到主張儒教禮法自有應對世界變化的方法，無須學習西方奇技淫巧的傳統守舊派官僚百般阻撓詆毀。在當時，洋務運動對一般人來說太過新潮陌生，且一時半刻看不出成效，因此心態上是難以接受的。另一方面為了宣洩被外國欺凌但無以回擊的失落感，譴責洋務運動的推動人，更成為一種必然趨勢。

　　不過，隨著西風東漸，清國人民接觸更多西方資訊，接納度逐漸提高。此外，西方各國對李鴻章非常看重，視其為實際的清帝國領導人，每每遇到談判場合，都要求李鴻章要親自到場，這也是李鴻章快病死之前還四處奔波的一大原因。

從後世的角度來看，李鴻章在面對東亞遭遇西方挑戰的大變局之下的所作所為有待檢討，但在大環境抗拒西學的情勢下，李鴻章仍盡力嘗試強化國家體質的措施，並見機說服當朝主政者，其毅力、靈活是值得效法。

李鴻章所推動的全國轉型實驗，使後世不斷思考，要怎麼做才是成功的改革？在學習西化與維持傳統之間，究竟如何取得平衡？在中國這塊土地上，後續數場歷史事件，都帶有突破自我框架的改革意味，包含戊戌變法、民國建立及五四運動，直到現在的東亞，仍在求「變」，以適應世界局勢。李鴻章的洋務運動，不是變革的終點，而是求新求變的火種，也是一塊被持續反思的鏡面。

大事紀

- 1823年　出生於合肥縣磨店鄉。
- 1854年　開始領兵與太平天國作戰。
- 1862年　編練淮軍、擔任江蘇巡撫。
- 1863年　開始啟動洋務運動。
- 1870年　擔任直隸總督。
- 1884年　代表清政府與法國議和清法戰爭。
- 1885年　代表清政府與日本談判朝鮮議題。
- 1894年　甲午戰敗，被解除直隸總督的職務。
- 1895年　擔任《馬關條約》的清政府談判代表。
- 1896年　奉命出訪歐美數國，於俄國代表清政府簽下《中俄密約》。
- 1901年　擔任《辛丑和約》的清政府談判代。
- 1901年　過世，享年七十八歲。

第十二章
學識淵博評價兩極的韓版武后
明成皇后

職業：朝鮮王妃、政治家
生存時代：1851～1895年
榮譽事蹟：帶領朝鮮改革與開放，因抗日形象成為民族代表。

提起近代韓國歷史最知名的女性政治人物，後世稱為「明成王后」的朝鮮王朝最後一任王妃一閔妃，必然名列其中。她是朝鮮王朝末期的重要掌權者之一與她相關的宮廷權力惡鬥，改革推動與外交作為，牽動著當時的政局，以及中、日乃至歐美列強在朝鮮的勢力消長。她的故事，也同樣成為今日韓國常見的影視題材之一。

從天而降的王妃之位

閔妃出身驪興閔氏，本名閔紫英（或譯作閔茲暎），但是在多數的時間裡，她都被稱呼為閔妃。1851年，她誕生在一個空有頭銜但家道中落的貴族家庭之中，但也正是因為這樣困頓的家庭背景，被高宗的父母看上眼，選為高宗的妻子。

由於前任國王哲宗並無子嗣，高宗是從王室宗族中選出來的繼位者，與哲宗並無直接的血緣關係，因此登基後，朝鮮朝廷初期都是由他的親生父親興宣大院君掌權。興宣大院君為了將朝廷控制在自己手中，不希望有一個家世背景優越的媳婦來瓜分自己的權力，這時閔紫英就成為最佳的王妃人選。起初高宗並不喜歡父親給他選定的妻子，便冷落這位王妃。閔紫英只好藉著讀書來排遣在宮裡的時光。沒想到讀著讀著，竟也讀出興趣來，為日後參與政治奠定了基礎。

在閔紫英進入宮廷之前，朝鮮半島已經在日本及清帝國之間，維持了大約兩百年的穩定狀態。從十四世紀李氏王朝建國以來，朝鮮多半與當時中國的政權明帝國維持友好關係，以維持政權的穩定。但隨著明帝國衰亡，清帝國崛起，朝鮮因此再度被捲入動盪之中。從地圖上來看，朝鮮夾在日本及中國之間，自然長期受到這兩個國家的影響，無論是清帝國或者日

本，都想控制朝鮮，因此產生過幾次戰亂，日本的豐臣秀吉甚至派兵攻打朝鮮。直到十七世紀中葉，清帝國完全取代明帝國，日本也從四分五裂的戰國時代進入一統的德川幕府時代後，整個東亞才又再度穩定。朝鮮奉清帝國為宗主國，維持著主從有次的關係，同時也與日本維持外交關係。

但是，十九世紀的東亞再度迎來一波新變動，閔紫英進入宮廷後所面臨的問題，便是朝鮮在這波變動中要如何生存下去。

兵戎相向的公媳關係

閔妃面對的時代劇變，其實與同時期的清帝國咸豐皇帝及日本德川幕府一樣。十九世紀西方列強進入東亞，打破了清、日、朝三國之間維持了上百年的秩序關係。首先受到衝擊的是清帝國與日本，在1850年前後，這兩個國家都在西方列強的武力威脅下簽訂條約，對外開放港口通商。看在朝鮮王室的眼裡，無疑是一大衝擊——因為不論是宗主國清帝國，或者曾出兵攻打過朝鮮的日本，都沒能抵擋西方勢力的入侵，下一個會不會就是朝鮮呢？

面對這樣的威脅，朝鮮王室首先選擇了排外的鎖國政策。興宣大院君非常嚴格的進行著鎖國政策，他認為應該拒絕洋人通商的要求才能維護國家安全，當時在朝鮮的天主教傳教士及教徒都遭到嚴厲的打壓。但是閔妃則認為應吸收西方的知識，才能保住國家的主權及利益，這導致了她與興宣大院君多年的政爭。

在政治上，閔妃和高宗站在了興宣大院君的對立面。在這段時間裡，閔妃與高宗兩人感情越來越好，一方面是因為兩人有了孩子，另一方面則是因為他們都想擺脫興宣大院君的控制。由於高宗性格較為懦弱，便給予了閔妃參政的機會，於是朝堂上以閔妃及興宣大院君為首，形成兩股對抗的勢力。

儘管閔妃及閔氏外戚一派最後在政爭中占了上風，但朝鮮政局卻越來越艱困。高宗與閔妃贊同開國的想法，不僅同意日本的要求開港通商，還著手改革行政機構，並請日本人來幫忙建立新式軍隊。然而朝廷內部對此有許多不同的意見和不滿，反對改革的人與支持改革的人不合，而支持改革的人中，也分作溫和改革和激進改革兩種聲音。總而言之，朝鮮政府儘管想要有一番作為，但因為內部無法團結一致，而導致了許多動亂，使清帝國與日本有機可圖。

　　1880年代，清帝國插手朝鮮內政的企圖越來越明顯，日本對朝鮮的經濟控制亦日益增強，為此，閔紫英積極地想要與歐美各國建立關係，以牽制清、日兩國，鞏固朝鮮的自主權。最後，朝鮮政府與俄羅斯越走越近，但也引起清帝國及日本的警戒，因為不論是對清帝國或者是對日本而言，位在北方的俄羅斯都是一大威脅。

王妃之死與大韓帝國的建立

　　長年的政爭及外國勢力的的入侵，使朝鮮國內動盪不安，終於在1894年爆發了東學黨叛亂事件。在東學黨事件中，長期受到壓迫的人民揭竿起義，打破了朝鮮勉強維持的平靜，也為虎視眈眈的清、日兩國提供干涉朝鮮內政的絕佳機會。清帝國及日本以幫助平定朝鮮內亂的理由派出軍隊，即便叛亂事件已經結束了，雙方的軍隊仍不願撤離，在朝鮮半島僵持不下，戰爭一觸即發，最終竟演變為甲午戰爭。

　　這場戰爭不僅奠定了日本在東亞的地位，也決定了日後朝鮮與臺灣遭到日本控制的命運。隔年，甲午戰爭清帝國戰敗，高宗與閔妃深知清帝國無力對抗日本，為與日本在朝鮮扶植的親日政權對抗，故轉而尋求俄羅斯的幫助。不過俄羅斯此時對東亞雖有野心，但也有心無力，除了在外交場合處處阻撓日本的擴張計畫外，也無法對朝鮮提供什麼實質上的幫助。另一方面，日本自然無法放任朝鮮真的與俄羅斯聯手，因此於同年策畫暗殺閔妃計畫。這位縱橫朝鮮政治多年的女性，最終享年44歲。1897年高宗稱帝後，建立了大韓帝國，追封閔妃為明成皇后。閔妃也因抗日的形象而成為韓國人民推崇的對象。

大韓帝國疆域圖

動盪時代下的悲劇

　　明成皇后所處的東亞是一個劇烈動盪的時代，朝鮮除了要應付西方列強的侵擾，還要應付崛起的日本，以及清帝國長期以來的干預，她終其一生都在為朝鮮的獨立自主尋求出路，因為世界局勢正在快速變化，如果不順應時局做出相應的改變，很難繼續在強國環繞下維持國家的自主性。不管是清帝國、日本或者朝鮮，都難抵這股潮流，但是他們最後走上截然不同的命運。

　　朝鮮最後雖然也加入了開國的潮流中，企圖像日本一樣強大，但由於長期處於政爭中，社會動盪不安，反而加速了清帝國及日本的入侵，使國土淪為戰場。儘管明成皇后曾為了朝鮮的獨立作出許多努力，運用外交手腕在清帝國、日本、俄羅斯之間掙扎，仍然無法阻止外敵的野心。接下來直到第二次世界大戰結束，朝鮮都在日本的控制之下，甚至淪為日本的殖民地。

　　身處時代洪流中的明成皇后，雖是時代的悲劇，但她力主開放、力抗日本並以身殉難的事蹟，卻也成為日後韓國民族主義的重要凝聚，相關的故事傳頌至今。

大事紀

- ◉ 1851年　閔紫英誕生。
- ◉ 1863年　高宗即位、興宣大院君攝政、朝鮮實行鎖國政策。
- ◉ 1866年　閔紫英受封為朝鮮王妃。
- ◉ 1873年　高宗親政、閔紫英奪權、興宣大院君失勢。
- ◉ 1876年　朝鮮開港。
- ◉ 1894年　東學黨事件。
- ◉ 1894年　甲午戰爭爆發。
- ◉ 1895年　閔紫英遭日軍殺害。
- ◉ 1897年　高宗宣布成立大韓帝國、追封閔紫英明成皇后。
- ◉ 1910年　日韓合併、大韓帝國滅亡。

第十三章
時代造就的革命家
孫文

職業：醫生、政治家
生存時代：1866～1925年
榮譽事蹟：推翻清帝國，建立中華民國。

　　拿出新臺幣百元紙鈔，印在其上的頭像，就是大家都非常熟悉的「國父」孫中山先生。孫中山本名孫文，是晚清最重要的革命家，無論是中華民國或中華人民共和國都尊稱他為「國父」。他所帶領及參與的革命行動，最後不但成功推翻清帝國兩百多年的政權，也為當時東亞政局帶來翻天覆地的變化。

熱血的青年革命家

　　孫文，號逸仙，曾化名「中山樵」，因而也被後人稱作孫中山。他出生於晚清廣東省的的貧困農村，家族成員除了務農以外，還會去其他較大的城鎮從事其他職業，以貼補家用。孫文的哥哥孫眉，二十歲就離鄉背井到夏威夷闖蕩，略有所成回鄉探親後，便帶著孫文一同返回檀香山。

　　在檀香山的三年生活，改變了農村少年看世界的視野，就讀當地教會學校學習西方知識的他，深受美國文化薰陶，甚至還想要受洗成為基督徒。此舉惹得哥哥不開心，便將他送回廣東。

　　1884年，孫文進入香港中央書院（今皇仁書院）學習西醫，並在澳門開設醫院。在學期間，孫文結識了許多來自不同領域的朋友，為自己

建立了廣闊的人脈，這也成為他往後人生中，能一再屢敗屢戰而又再起的助力。

　　年輕時的孫文，和當時的多數年輕人一樣，懷著滿腔熱血與救國救民的抱負，他希望能和洋務運動的倡導者李鴻章見面，傳達改革中國的想法給政府，無奈因李鴻章不願接見而無功而返。自此孫文真正意識到，自己的理念無法被傳統官僚體制接受與認可，因而毅然決然投身於反抗清帝國的事業。

革命理想逐漸成形

　　1894年，中日戰爭爆發後，孫文以復興中華為宗旨，赴檀香山創立「興中會」，開始了一連串的革命活動，並投注許多心力募集人力和資金，並積極與列強建立關係。隔年興中會策動了廣州起事但告失敗，孫文成為政府通緝犯，為躲避追捕只好離開中國。1896年，孫文再赴檀香山，開啟以籌募款項與結交盟友來支持改革行動的旅程。

　　孫文在旅程中，發生了讓他在國際間聲名大噪的「倫敦蒙難」事件，當時他遭清帝國派出的人員誘捕，囚於中國使館，準備遣送回國審判，幸虧得好友康德黎的協助才能順利脫困，並在媒體的聚焦下，被形塑成一位可敬的愛國人士。歷劫歸來後，孫文更積極的研究革命方略和理論，並考察歐洲各國的社會和政治現況，逐漸形成以三民主義為中心的革命思想。

　　離開英國後，孫文於隔年來到日本，化名「中山樵」在當地活動，結識了政治家的犬養毅等人，這些人脈對他後來革命行動所需的各種資源，提供了莫大的幫助，而日本友人則視孫文為實現改變中國政治理想的人選。雖然孫文離開日本後所發動的惠州起事，最後還是因為得不到日本後援而兵敗如山倒，但仍不減日本政界在孫文革命行動中扮演的重要角色。

如火如荼展開的革命行動

　　二十世紀初期的中國，面對各種內憂外患，有更多知識分子把當時中國的衰落與無力，怪罪到清政府的無能上。於是，為了扭轉中國頹勢的有志之士，組織了各種團體，並相繼投入大大小小的反抗活動上。同樣身處這波救國救民潮流中的孫文，沒有因為1900年惠州起事的失敗而停下腳步，他還是想盡辦法突破困境。由於先前組織革命活動的經驗，孫文決定把往後大部分的精力，花在爭取國際以及海外移民的支持上。

　　孫文持續在國際間為了革命行動奔走，多年累積下終於有了極大的進展——1905年8月創立中國同盟會（簡稱同盟會），這是孫文到此為止醞釀許久的成果，他將各大社會反抗團體皆整合旗下，成為具有全國聲望的革命運動領袖。

　　同盟會於日本成立，孫文向眾人宣讀「驅逐韃虜、恢復中華、創立民國」的組織章程，以「平均地權」為同盟會的政治綱領。隨後甄選三十名負責基本事務的成員，孫文被推選為總理，黃興擔任其副手。同盟會總部設於東京，在中國、歐洲、東南亞、美國、夏威夷等地皆設有分會。同盟會裡出身湖南、湖北地區的成員，提供先前其他組織活動時的刊物《二十世紀之支那》雜誌，重新整理並改名為《民報》，作為同盟會主要對外傳遞各種消息，以及政治思想的主要刊物。

孫文提出的《三民主義》，最早出現於1905年《民報》。

1905～1911年，同盟會和地方上的其他反抗組織，策動的舉事越來越激烈，規模也越來越大，但全都沒有成功撼動到清帝國的政權，許多年輕的生命還因此犧牲。在眾人士氣低落，並對未來革命行動感到悲觀的時刻，孫文還是憑藉著他澎湃、熱情的演說，在海外馬不停蹄的籌措經費與拓展人脈。最終募得了鉅款，而這筆款項也投入了廣州黃花崗之役，無奈最終還是以失敗作收。

　　經過廣州黃花崗之役的慘敗後，孫文與革命志士們受到重擊，一系列由孫文及同盟會策動的起事終將畫下句點。自此之後，同盟會的廣東人失去了革命行動的主導權，而中心也轉移到了長江流域。沒想到，同年一場四川人抗議政府鐵路國有化的運動，竟讓情勢激化，地方革命團體、祕密會黨和城市各方人士紛紛加入，10月10日，武昌起事成功後，革命風潮獲得其他省分的響應，席捲了全中國，兩百多年清朝政權就這樣逐步邁向滅亡。

　　孫文在武昌起事發生時仍在海外，在帶領籌畫一連串起事之後，卻與歷史失之交臂；他得知此事，馬上決定結束歐美等國的籌募之旅，返回中國。孫文最終還是參與了歷史，在1911年12月底自歐美返國後，他被眾革

我們絕對不會放棄，請支持我們！

加油！

捐款救國！

支持！

命領袖們推選為中華民國臨時大總統。

東亞獨立運動的開路先鋒

雖然，革命成功之後的中國並未因此走向統一與富強的道路。但是孫文和他所主張的三民主義思想，卻對當時同樣也深受殖民統治的東亞各國帶來許多影響，特別是越南和馬來西亞。

孫文不但在《三民主義》、《建國大綱》、《實業計畫》等著作之中皆提到越南，甚至還倡導如果革命事業要真正的成功，就一定要提攜連同越南在內的東南亞各國，因為他們正是通往西方、印度洋的重要樞紐。因此，孫文成為越南獨立運動思考很重要的一環，不但鼓勵許多有志之士的效仿，甚至後來越南國父胡志明也對應《三民主義》提出越南建國精神——獨立、自由、幸福。

和越南不同的是，因為馬來西亞華人眾多，因此同盟會在此的運作偏向「吸收黨員、為我所用」。東南亞華人數量最多的馬來西亞，是孫文重要的革命避居地，不但新加坡、吉隆坡、檳城都有分會。即使後來馬來西亞國父東姑‧阿布都拉曼（Turku AbdulRahman 1963～1970）帶領國家獨立，但對當地的華人來說，曾經參與過的反清革命帶給他們的歸屬感或許更深，這也間接顯現出華人在馬來西亞國內的處境。

每個人都有爭取幸福的權利

孫文一生都在為了中國振衰起敝的理想奮鬥，甚至死後還成為了某種象徵時代的精神與符號。誰能想到一位農村少年，竟能成為讓中國歷史翻頁的重要力量。孫文可以說是時代造就的人物，那個時代也在東亞各國造就了無數個像孫文一樣、對國家和社會深懷理想的年輕有志之士，這些許許多多的「孫文們」，也都在他們的各自所屬的國度中為了心目中那個更好的未來奮鬥著！而歷史，也真的因為他們的付出而改變！

第十四章
中國的兩個影子

毛澤東&鄧小平

職業：軍人、政治家
生存時代：毛澤東1893～1976年；鄧小平1904～1997年
榮譽事蹟：中國共產黨第一＆第二代領導人。

　　臺海兩岸長期緊張對峙的情勢，一直是所有臺灣人都極為關心的議題。面對始終不願放棄武力犯臺的中華人民共和國，多數臺灣民眾可能有種種不同的想法。無論你厭惡或嚮往這個強大的鄰居，大概都不能不認識與今日中國命運息息相關的兩位人物——毛澤東與鄧小平。

出生農村的毛澤東

　　毛澤東對中華人民共和國、北朝鮮、柬埔寨、越南等共產國家都有重大影響，更曾被《時代雜誌》評為二十世紀最具影響力的一百人之一。他出生於清代末年湖南湘潭的一個農村，當時，清帝國在歐美各國的協助下暫時平定各地動亂，頗有一番新氣象，但危機感仍隱隱的四處蔓延。毛澤東讀到了一本在家鄉流傳的小冊子，上面寫著：「啊，中國就快要滅亡了。」此時街頭巷尾都議論著中國應當如何自強，以在激烈競爭的東亞局勢中生存下去。

　　毛澤東十九歲時，清帝國最後一任皇帝溥儀退位，中華民國建立，但各省仍維持相對獨立的地位，由各個軍事強人控制。在軍人的迫害下，毛澤東離開湖南，到北京的圖書館工作。當時北京的街頭沸沸揚揚，到處充滿了抗議的人群。原來是正逢第一次世界大戰結束，中國雖然是勝利的一方，卻未能從戰敗國手上收回相關權益。剛從清帝國走出來的中國，對政府再次缺乏信心，許多學生和知識分子站出來要求政府要「外爭主權、內除國賊」，這個抗爭活動後來延燒全國，並被後人稱為「五四運動」，這也是一次思想的大匯集，人們都想著如何振興國家。這時，有一個國家給予中國年輕人希望，就是剛推翻俄國的蘇聯。蘇聯雖然承接了俄國時期取得的不平等條約和權利，卻願意歸還給中國和日本，因為蘇聯的立國宗旨是打破國家界線，聯合全世界的勞工階級主導政權，實踐社會主義的崇高理想。因此，蘇聯外交部認為，這些條約是帝俄時期的政府為了奴役東方人民而設下的圈套。飽受輕視的中國抓住希望的繩索，也深深吸引了毛澤東。

　　蘇聯與孫文的中國國民黨合作，成立中國共產黨，拓展在中國的勢力。不過，孫文雖然欣賞蘇聯的效率、專注，但他並不信奉共產主義。毛澤東加入中國共產黨，並逐漸嶄露頭角。與孫文一樣，比起西方思想，毛澤東更喜歡中國的傳統。據說，毛澤東書櫃收藏了龐大數量的中

國文學及歷史書籍，但外國文學的翻譯書並不多；其中，共產主義的著作更是十分稀少，因為毛澤東認為不應直接引用蘇聯經驗，蘇聯依靠城市工人為後盾，但中國應該要依靠人數更多的農民。

　　蘇聯帶來援助，但也帶來了資本主義與共產主義的競爭。從1926年開始，以蔣介石為首的中國國民黨和毛澤東領導的中國共產黨便展開了政權的角力。1937年爆發的中日戰爭，雖然稍微緩和了兩股勢力的爭端，但表面的和平並未持續太久，1945年日本帝國戰敗後，中國共產黨在蘇聯的援助下迅速控制中國各地，爆發國共內戰。共產黨以廣大農村與農民，逐漸取得優勢。四年後，更在北京宣布中華人民共和國成立，而南方的國民黨最終撤退至臺灣。

改革帶來的大災難

　　國民黨的威脅減輕之後，毛澤東越來越不願意聽從蘇聯指揮，矛盾逐漸白熱化。毛澤東希望中國能取代蘇聯，成為共產主義陣營的領袖，並

與美國相抗衡。因此大力整肅黨內的反對者，並基於過去的經驗，而將希望寄託於質樸勤奮的農民身上，推動「大躍進」、「人民公社」等政策。然而，這些政策忽視了技術、資金不成熟的現實，卻因為毛澤東在黨內的獨大地位而無人反對。「大躍進」中只靠氣勢煉出來的鋼不僅品質差勁，還減少了農民的耕作時間。饑荒很快到來，但各地政府為了滿足毛澤東的期待，開始虛報糧食數字，使得中央政府難以掌握情況。「大躍進」帶來了「大饑荒」，造成至少一千五百萬到四千萬人餓死，和中日戰爭期間的死傷約二千一百萬人不相上下，實在令人恐懼。

大躍進失敗後，黨內後起之秀鄧小平等人開始主張恢復少數私有制與市場經濟，阻止局面繼續失控。鄧小平只比毛澤東小十歲，毛澤東到北京工作時，鄧小平拿到法國留學的獎學金。儘管人不在中國，但鄧小平依然在地球的另一端接觸到共產主義，並參與文宣出版的工作，回到中國後成為共產黨中央的祕書，雖與毛澤東如影隨形但無太多表現。比起躁進的路線，鄧小平更喜歡穩定有秩序地改革。然而，不願權力旁落的毛澤東，發動「文化大革命」試圖取回領導地位，並號召年輕人組成「紅衛兵」響應。「文化大革命」持續了十年，將數千萬人民捲入了共產黨的政治鬥爭中。事情逐漸超出毛澤東的控制，人們群起激憤，憑著革命口號「造反有理」而大肆破壞，趁機對付平常總是欺壓自己的地主、長輩，甚至鄰居。許多中國傳統文化、建築在這次災難中被破壞殆盡，因此又稱作「十年浩劫」。

文化大革命

改革開放與鄧小平時代

　　1976年，「文化大革命」隨著毛澤東過世而逐漸平息。鄧小平等人再次掌權，為了扭轉毛澤東留下的破敗中國，恢復經濟生產成為最優先的目標。鄧小平實際的衡量中國可以如何在短時間內趕上美國、日本等工業強國。他從1978年開始多次出訪他國，改善中國與世界的關係，並獲得日本、美國的支持。他設置在中國沿海的經濟特區，吸引外資進入，同時私有制也逐漸復活，不過，共產黨仍隨時保有干預市場的權力，這些政策被後世稱為「改革開放」。鄧小平認為中國亟需改變，但也無法完全掌握未來，他說：「這是在摸著石頭過河。」

　　鄧小平時代是共產黨掌權以來，中國對外最開放的一段時期。但與此同時，國際上共產陣營之間的嫌隙也逐漸擴大，中國開始聯合其他國家對付蘇聯共產黨與越南共產黨，努力成為東亞的領導者。此時許多中國人認為，經濟開放不久後將帶來政治與人權上的鬆綁；但他們並不理解鄧小平穩定秩序的目標與決心。「改革開放」促使經濟成長，也催生貪污腐敗，許多人都想從經濟成長中分一杯羹。心生不滿的人們，尤其是學生，如同年輕時的毛澤東與鄧小平，也希望能努力讓中國變得更好。學生們希望擁有言論、結社、自治等自由這些想法也受到某些共產黨員支持，時任共產黨總書記趙紫陽便稱之為「愛國的民主運動」，當時臺灣也有不少群眾表態支持。然而，學生的訴求未獲鄧小平認同，他以維持穩定為由，指示軍隊在1989年進入天安門廣場，殺死、鎮壓抗議群眾，史稱「六四天安門事件」，國內的反抗聲音自此逐漸消沉。

　　1997年鄧小平過世，距離他掌權已經過去數十年，而今中國的許多政策，如：不惜一切代價的經濟優先、全面的社會控制、遏止民主且不放棄征服臺灣，都遵循著鄧小平時代的道路。除了仍持續成長的經濟數字，中國的歷史似乎還凝結在「六四天安門事件」那一刻。因此，雖然今日的中國依然充滿著各式毛澤東符號，不論是天安門廣場的畫像，還

是一百元的人民幣紙鈔；但今日的中國早已迥異於毛澤東時代，反倒是後繼者鄧小平型塑了它今日的模樣。

位於北京市中心的天安門廣場，是世界上最大的城市廣場之一。廣場上歷來發生了許多重大的、對中國歷史發展之沿革有著相當影響力的歷史事件，例如五四運動、六四天安門事件等。

大事紀

- 1893年　毛澤東出生。
- 1904年　鄧小平出生。
- 1912年　清朝滅亡，中華民國成立。
- 1917年　俄國爆發革命，蘇聯成立。
- 1919年　第一次世界大戰後的《凡爾賽條約》引起學生不滿，引發五四運動。
- 1921年　中國共產黨成立。
- 1927年　中國國民黨實施清黨，圍剿共產黨，毛澤東等人逃往陝西。
- 1945年　第二次世界大戰結束，國共內戰開始。
- 1949年　中國國民黨戰敗，蔣介石等人逃到臺灣。
- 1958年　躍進運動。
- 1966年　毛澤東發動文化大革命。
- 1976年　毛澤東過世。
- 1978年　鄧小平展開改革開放，恢復自由市場機制。
- 1989年　六四天安門事件。
- 1997年　鄧小平過世。

第十五章
和諾貝爾獎失之交臂的印度聖雄
甘地

職業：政治家、哲學家
生存時代：1869年～1948年
榮譽事蹟：印度國父，帶領印度脫離英國殖民獨立，非暴力哲
學思想影響全球頗深。

　　位於南亞的印度，雖然與東亞稍有距離，但同在十八、十九世紀受到西方列強侵略，曾被英國殖民統治上達百年，也跟東亞的區域發展相互依存。究竟印度是怎麼擺脫殖民地的統治，又是怎麼成為世界上發展最快的國家之一，倡行非暴力哲學思想的印度國父──「聖雄」甘地（Mohandas Karamchand Gandhi），絕對是影響至深的人物之一。

殖民地的美麗與哀愁

西元前1500年左右，從西北部來的雅利安人占領了印度河和恆河流域，逐漸與當地的文化結合，創造了經典的「吠陀文化」。雅利安人為了和當地人區別，開始實施將人民區隔為不同階層和職業的「種姓制度」。十五世紀歐洲人開始尋找前往東方的路，透過海路經過非洲南端的好望角要前往東亞，無意間發現印度在地理上的重要性，開始在此建立殖民地。葡萄牙、荷蘭、英國和法國等西方國家紛紛踏上印度大陸，想要爭奪並且獲得印度的統治權。十八世紀統治印度的莫臥兒帝國和英國發生了嚴重的衝突，最後在1857年英國控制了印度，開始殖民統治。

英國統治下的印度幅員廣大，包含了後來獨立成國家的緬甸、巴基斯坦、尼泊爾和孟加拉等，分為十三個省和七百多個由印度王公統治的土邦。印度人在英國的統治下是二等公民，沒有辦法決定自己的行政官員。在印度擔任官職的主要是外來的統治者，英國平常的生活和印度人隔絕開來，法律上也有不同的地位，印度人無法獲得公平審判。

然而，由於以往印度以往沒有統一過，英國殖民統治仍為印度帶來重要的改變。例如，為了要經濟剝削，英國建立了新式的鐵路、公路和工業設備，為印度奠定了一些基礎建設，同時為了統治上的方便，英國規定印度人要有一定的英語能力，才可以成為統治者的助手，讓後來印度的知識分子普遍都有英語溝通的能力。

隨著英國所帶來的現代化，印度的知識分子了解到被殖民的痛苦，開始推行獨立運動。印度人有好幾次嘗試用武力推翻英國的殖民政府，但都沒有成功，直到甘地採用了新的方式。

獨立思想的萌芽

1869年，一位名為莫罕達斯・卡拉姆昌德・甘地（Mohandas Karamchand Gandhi）的孩子出生在印度西部港口的波爾本達，父親是

英屬印度時期，維多利亞女王兼任印度女皇，一直處於分裂狀態的印度的半島，因為英國的強勢統治反而意外獲得國土的統一和擴張。

當地小邦的首相，母親是虔誠的印度教徒。家境優渥的甘地，從小成績優異，十九歲時到倫敦大學修習法律，回國後則在孟買從事律師工作。在外派到南非工作時，甘地深切感受到印度移工在當地的自由和政治權利遭到剝奪，甚至經歷了不少因身分歧視而產生的屈辱。

當時，甘地閱讀了身兼俄國小說家與政治思想家的大文豪托爾斯泰（Leo Tolstoy，1828~1910）關於無政府主義的書，後來從印度教的重要經典《薄伽梵歌》中獲得啟發，更在美國作家梭羅（Henry David Thoreau，1817~1862）的作品當中了解到「公民不服從」和「非暴力」的理念。甘地閱讀傳統印度經典的時候，內心十分感動，但他同時了解耶穌基督傳道時犧牲奉獻的精神，結合傳統印度教，再融入宗教的情懷，讓甘地找到思想的靈感。

獨立運動的啟動

　　1915年甘地回到印度，並決定投身政治活動，加入支持印度獨立的「國大黨」，領導勞工和農民，為印度尋求自治的契機

　　由於直接和英國政府衝突，會產生傷亡，甘地到處宣揚理念，抵制英國的貨品，發展印度自己的產品，這樣便不需要購買英國紡織所製成的布，也能達成對獨立運動的貢獻。

　　第一次世界大戰爆發，本來甘地想要說服印度民眾幫助英國，以換取戰後能得到英國讓印度自治的可能性。然而，英國人在戰後沒有答應，甚至在1919年的時候，印度北部的阿姆利爆發了大規模的抗議事件，英國軍隊向手無寸鐵的平民掃射，造成四百人死亡、超過一千三百人受傷。甘地覺得印度不能夠期待在英國控制下的能展開自治運動，而是一定要走向獨立才能獲得主權。從此甘地領導的國大黨，開始大規模的招收黨員，並且改變組織，讓政黨有了大量民意的基礎。

自給自足的不合作運動

　　雖然甘地對於英國的殘忍行徑感到非常憤怒，但同時也加深了他對暴力行動不會帶來任何改變的信念，於是更積極的推動以非暴力為訴求的「不合作運動」。甘地的「不合作運動」是全面性的，鼓勵印度民眾不要進入英國的學校，不要繳納賦稅，不要加入英國的政府，不要進入英國的審判制度，也不接受英國人賦予的榮譽。推動運動的過程中，甘地並實踐提倡反暴力，然而，由於追隨的人相當多，英國政府將之視為眼中釘，逮捕他好幾次。

　　最有名的一次不合作運動是1930年的「德里遊行」。由於當時英國政府控制印度的食用鹽，印度人不能夠自己製造鹽巴，必須向政府購買。甘地發動上千人徒步到海邊取鹽，不讓政府獲取利益。

帶領印度迎向獨立

　　第二次世界大戰，由於日本入侵東南亞和印度後在緬甸成立了「自由印度臨時政府」。甘地趁此機會，大規模的倡導讓英國人「退出印度」的運動。此時，英國政府仍然大規模的逮捕抗議的人，可想而知，這樣舉動引來更激烈的抗爭，包含火車站和政府單位在內的許多建設都因此遭受破壞和襲擊。英國政府了解到無法同時面對日本的入侵和甘地的運動，開始改變態度，嘗試與甘地和國大黨妥協，並且初步同意了戰後讓印度獨立。

　　1947年的8月15日，印度正式獨立。不幸的是，由於印度有宗教的狂熱分子，對於甘地的理念無法認同，最後槍殺了甘地，但在即將死亡之際，甘地還是對凶手表示寬容，展現了他的氣度。

　　很多追隨甘地的人稱他為「聖雄」，這樣的概念不只來自甘地推行的運動，更多來自於他的思想，從傳統印度教的思想而來。甘地奉行素食、禁欲、獨身、默想，一個星期有一天不說話。他的思想不只來自於

西方，還自印度教的信仰，這些作法讓他可以獲得內心的平靜。

聖雄甘地最為後人所熟知的形象，是照片中他身著印度土布紡紗的樣貌，其實這正是每天都要勞動的他之真實寫照。值得一提的是，甘地生前曾獲五次諾貝爾和平獎提名，但他始終沒有獲獎。多年以後，諾貝爾獎委員會也對此公開表達過他們的遺憾。1989年頒發諾貝爾和平獎給達賴喇嘛，當時的主席曾還說：「這個獎的一部分是紀念聖雄甘地」（in part a tribute to the memory of Mahatma Gandhi），可見後世對他的感念。

大事紀

- 1869年　出生在信仰印度教的一位首相之家。
- 1888年　到英國倫敦大學學習法律。
- 1893年　前往南非，對於印度移民在南非被歧視感到痛心。
- 1915年　回到印度，成為國大黨的領袖。
- 1919年　阿姆利慘案後，決心支持印度獨立。
- 1930年　德里遊行，一生當中最著名的運動。
- 1933年　發動「不合作運動」與絕食，多次遭到英國政府逮捕。
- 1942年　提出英國「退出印度」運動，引起英國政府大規模的逮捕。
- 1947年　印度獨立。
- 1948年　遇刺身亡。

第十六章
精通多國語言的流浪革命家
胡志明

職業：廚師、政治家、詩人
生存時代：1890年～1969年
榮譽事蹟：推動越南文字，成立越南共產黨，帶領越南脫離法
國殖民獨立。

　　越南是東南亞旅遊的熱門地點，近年也有越來越多的越南人來臺工作、結婚生子，逐漸融入到臺灣社會中。越南和臺灣都曾經在十九世紀中晚期淪為殖民地，但越南二次大戰後脫離殖民的努力，卻換來將近三十年的戰爭，一直到二十世紀晚期才結束，自此越南成為了目前世界上少數仍由共產黨主政的國家。這段歷史，深受被越共尊為國父的胡志明影響，也與當時東亞乃至世界局勢息息相關。

法國的殖民地

　　十九世紀中葉，歐洲人在東亞的活動越來越頻繁。透過戰爭與條約，清帝國、日本各國陸續開放與歐洲人自由貿易，文化交流密切，但衝突也日漸增多。1862年，有兩名西班牙傳教士被越南政府殺害，法國與西班牙為此聯合出兵，進占越南的南部，簽訂《西貢條約》，法國取得西貢地區，也就是今日越南南部的領土，及崑崙島。法國後來在崑崙島上興建監獄，關押反對法國統治的政治犯。法國以此鞏固他們在東亞的據點，與其他歐洲國家競爭商業利益。

　　不過，雖然法國透過《西貢條約》取得土地，治理上卻顯得力不從心。在統治初期，西貢地區的當地居民共一百六十萬人，而法國人僅有兩千人。因為語言與人數的隔閡，根本無法管理龐大的西貢地區，當地居民沒完沒了的反抗亦隨之而來。為了解決困境，法國大量起用原本當地政府職員來維繫統治，這些大部分都是越南人。同時也將部分越南文獻翻譯成法文，以供在當地工作的法國人參考。但法國的初衷並非是致力於當地社會的現代化，只設立極少數學校來培育法國殖民統治需要的人才，並未積極推動教育，更別說是幫助使殖民地現代化。因為他們的目的僅是榨取越南本地的勞動力和物資以維繫帝國的運作。這樣的想法持續了將近一百年，一直到法國被迫離開時仍未改變。

　　法國的殖民改變越南的樣貌，逐漸形成今日的越南。當年法國出兵報復傳教士被殺的仇恨，摧毀了西貢原本人煙稠密、商業繁榮的城鎮景象，只剩下一片廢墟。為了利用西貢優越的地理位置，法國開放投資，吸引了許多華人、法國人以及歐洲人前來定居，重建這座城市。筆直的大道、現代海軍船塢，以及存放貨物的大倉庫都陸續出現在南方，呈現出與中北部越南很不一樣的風貌。後來法國逐漸擴張地盤，最終將整個越南，以及部分的寮國與柬埔寨合併成「印度支那聯邦」，今日越南 S 型的國土逐漸成形，這是有史以來第一次有政權能夠長期統治越南的

北、中、南地區。由於長期處於分裂的三個地區早已發展出各自的制度與習俗，法國為了有效管理而在越南的北、中、南三個地區持續實施不同的制度，維持分立。不過令法國意外的是，被法國殖民的共同經驗反而促使不同區域的團結。

遊歷世界爭取支持

「印度支那聯邦」成立於1887年，胡志明在三年後，出生在越南的中北部，一個叫做黃稠村的地方。他的祖父與父親都曾通過科舉考試，在政府任官，雖稱不上書香門第，但也因此有受儒學、漢字教育的機會。十五歲時，他隨父親到順化，接受西式教育並學會法文。當時法國在越南的經濟剝削已引起普遍不滿，加上政治權遲遲不肯下放，最終引起農民暴動。法國殘酷的鎮壓行動引起胡志明的注意並公開批判，他也因此遭學校懲處。輟學後的胡志明到潘切的育青學校教法文與越文，並興起了到法國本土去看看的念頭，因此申請到西貢專門培育海上工作人員的工藝學校就讀，只花了三個月就成為一名海上廚師。

越南在1075年左右從中國引入科舉制度。法國殖民後直到1919年才廢除，是全世界最晚廢除科舉的國家。圖為阮氏王朝末年1897年參與科舉考試的儒生。

　　像胡志明這樣的越南人，在二十世紀初期幾乎遍布世界各大城市。當時隨著交通技術革新，全球化的腳步加速；同時，法國也為了利用越南的勞動力，有計畫的訓練一批又一批的人員隨著船隻前往世界各地，拓展商業版圖。成為廚師的胡志明就是其中的一員，他先後曾待過英國倫敦、美國紐約。1917年，胡志明開始在法國巴黎定居，當時為一次世界大戰末期，戰爭結束後，美國總統威爾遜提出的民族自決原則蔚為風潮，鼓勵各個殖民地脫離殖民母國而獨立。胡志明在巴黎接觸了不少法國人，也了解並非所有法國人都是在越南所見的經濟剝削者。因此，他試著相信法國提出的改革承諾，但，不久他便明白，即使一戰期間有將近九萬名的越南人被調度趕赴法國戰場，法國依然不想給予越南應有的政治權利。此後，他在法國發行的《人權日報》讀到列寧的殖民論，開始轉向激進的共產主義。

　　在與巴黎的幾個共產主義團體往來後，胡志明明白他們關注的是法國工人，要解決越南的困境必須另闢蹊徑。因此他開始在世界各地奔走，拜訪蘇聯莫斯科的共產國際組織，也到中國廣州與中國國民黨交好，希

望透過這些團體給法國施加壓力，並在越南籌組「印度支那共產黨」。直到1941年以前，胡志明都在國外援助越南的獨立運動。他會使用中文、法語、俄語、英語和泰語，優秀的外語能力配合傑出的人際關係技巧，讓他得以穿梭在世界各地，建立人脈。最重要的是，他的豐富閱歷讓他無論在國際都市還是越南鄉村，都能來去自如、表現得體。胡志明隨時都在關注各國的情報與動向，以待時機。

從二戰到越戰

1930年代，全球的經濟不景氣讓日本重新走上軍國主義擴張老路。二戰期間，日本很快的拿下越南，但也碰到了跟法國一樣的治理難題：當地人使用越語、漢字，且大部分公務員都是當地人，越南人的數量也遠多於日本人。因此，日本決定與法國合作統治越南。與此同時，越南人也更加團結，胡志明仿效中國國民黨與共產黨合作的模式，創立「越南獨立同盟」對抗日本，並宣示將不分階級、種族、性別與政治屬性的團結起所有越南人。就在日本投降的那一天，胡志明趁著混亂立刻採取行動，越南獨立同盟很快控制越南北方。

胡志明知道，二戰結束戰敗的日本會離開，但勝利的法國並不會輕易放棄越南，勢必會回來重掌越南。此外，越南獨立同盟在戰後也逐漸分裂，內部反對共產黨與胡志明的人也悄悄展開行動。這些反對者主張民主、共和，並擔心在脫離法國後，胡志明與共產黨將會掌握並統治專制整個越南。因此，反對者反而在戰後和法國合作，以抗衡胡志明。原本的敵人變成了朋友，越南內部的衝突與國際社會的糾葛在一起。

1954年，越南在奠邊府戰役擊敗法國，迫使雙方坐上談判桌。會議最終決定將越南畫分為美國、法國扶植的南越，以及胡志明統治的北越。美國安排南越加入東南亞條約組織，東與日本、臺灣、韓國相鄰，西則可連接北大西洋公約組織，形成圍堵共產主義的全球鎖鏈。南北越

的衝突持續將近二十餘年，是當時冷戰氛圍下唯一仍持續戰爭的地區。越戰從歷時近三個月的奠邊府戰役結束後的1955年開始，堪稱是人類史上最為野蠻的戰爭，據統計，美軍投下的炸彈總量是整個二戰期間的兩倍，美軍與北越投入戰場的總人數將近一百萬人，這場戰爭至少造成三百萬名越南人死亡。

　　越戰期間世界各國包括美國國內，不少人已認為國際不應該再涉入越南與法國的問題。到了後期戰爭陷入膠著，引發越來越多的抗議，主張應該即刻中止這場毫無意義的戰爭。美軍開始逐步撤出越南，但過程相當緩慢，直到1975年才完全離開。胡志明的繼承者們則盡最大努力，利用這個精神象徵來鞏固自己的統治，不僅尊他為國父，還防腐處理胡志明的遺體，並建造一座宏偉的巨型陵墓來供奉。直到今天，仍然有無數的學生、公務員、軍官、共產黨的相關人士列隊前往瞻仰遺容。然而，

胡志明自己的遺願卻是希望死後可以將骨灰灑到越南全境。這位因著世界局勢變化登上歷史舞臺的領導人,在身後仍然依著越南的需要而持續扮演重要角色。

越南胡志明市的胡志明雕像。胡志明在越戰完全結束前便因病去世。共產黨在美軍撤走後征服了南越,並將西貢改名為「胡志明市」來紀念他。

　　雖然胡志明仍被越南共產黨奉為越南國父,但要以共產主義者來概括胡志明的一生也許並不恰當。正如他晚年回憶自己年輕時剛到巴黎的情景:「我加入法國社會黨的原因,是對於那些女士們和紳士們,稱之為『我的同志們』。他們對於我和被壓迫人民的奮鬥,寄予充分的同情。但我既不知道什麼是黨、工會;也不知道什麼是社會主義或共產主義。」某項主張、某項方針有利於他實踐理想的越南,他就會澈底的運用它。在胡志明成長的年代,共產主義成為他與同時代眾多年輕人的選

擇，但也因此捲入國際間共產陣營與民主陣營的對抗。二十世紀的越南付出了慘痛的代價，才爭取到獨立地位，越南共產黨也以擊退外人、保衛越南有功自居，並持續壟斷政治至今。

大事紀

- 1890年　生於越南中部。
- 1912年　離開越南，遊歷世界各地。
- 1917年　定居於法國巴黎。
- 1941年　在闊別三十餘年後首度回到越南。
- 1945年　第二次世界大戰結束，胡志明出任越南民主共和國主席。
- 1946年　法國希望持續保有越南作為殖民地，與胡志明政權展開長期戰爭。
- 1954年　法國與越南在奠邊府之役後簽訂《日內瓦協定》，越南被畫分為南越、北越。
- 1955年　美國為圍堵共產勢力擴張，扶植南越政權並派美軍進駐。
- 1955年　美國扶植的南越政權與胡志明的北越政權長期作戰，是為「越戰」。
- 1969年　胡志明病死。
- 1975年　北越占領南越全境，越戰結束。

第十七章
來自西方的東亞民主精神領袖
麥克阿瑟

職業：軍人、校長、政治家

生存時代：1880年～1964年

榮譽事蹟：曾任美國陸軍參謀長，並在第二次世界大戰太平洋
戰區擔任重要角色。

　　你曾經注意過臺北市松山區和南港區一帶，有兩條以「麥帥」為名的橋梁嗎？
麥帥指的其實是美國五星上將麥克阿瑟（Douglas MacArthur）將軍，他曾參與過
兩次世界大戰和韓戰，也曾在二戰期間西南太平洋戰區擔任盟軍最高司令。戰後
不但曾經訪問臺灣，更對日本、韓國等國家的民主化、現代化影響深遠，至今深
受東亞地區民眾的感念。

從軍二代到獨當一面的少年將軍

　　麥克阿瑟出身於一個代代從軍的軍事家庭，從小便隨著父親職務調動而四處奔波。他剛上中學時，父親就曾經對母親說：「這個孩子有軍人的氣質。」使他銘記在心，立志要成為和父親、祖父一樣偉大的軍事領袖。為此，他努力學習，不但學業成績名列前茅，體育競賽更是常勝軍，畢業後也如願進入美國陸軍的最高學府——西點軍校學習。

　　在西點軍校校訓「責任、榮譽、國家」的培養下，麥克阿瑟逐步長成為一名優秀的少年將軍，他認為在西點軍校嚴苛而且艱苦的訓練，是他「成功與勝利的關鍵」。最終，麥克阿瑟也以98.14的超高分從西點軍校畢業，截至目前為止，還沒有人能夠打破他的紀錄。

　　麥克阿瑟畢業後，便在軍隊中歷練。1914年，第一次世界大戰爆發，當時已經是陸軍參謀部成員的麥克阿瑟，被派遣到歐洲擔任美軍第四十二步兵師師長。第四十二師充滿各種不同膚色的成員，因此麥克阿瑟將之命名為「彩虹師」，彩虹師在歐陸的軍事前線立下赫赫戰功，麥克阿瑟功不可沒。戰爭結束後，全師送給麥克阿瑟一個金煙盒，上面刻著：「獻給勇敢的人們中最勇敢的那一位。」

戰爭為社會帶來巨大的動盪，就算作為戰爭勝利的一方，美國社會仍然付出很大的代價，其中培養軍官的西點軍校，戰後更是僅剩一年級的學生。1919年戰爭結束，麥克阿瑟甫返國便被賦予改革西點軍校的任務，年僅三十九歲的他成為西點軍校有史以來最年輕的校長。麥克阿瑟認為「軍隊是為國家打仗，而不是武裝國家」，因此他引進了現代化的教育，在軍事技能的訓練之餘，也培養學生國際性的視野、科學的素養、以及對政治學的了解，藉以因應未來世界變化的需要。

1930年，麥克阿瑟升任美國軍隊最高指揮官——參謀總長，在任內維持美國軍隊的戰鬥力，並與當時第一次世界大戰結束後，主張和平的社會輿論相抗衡。可以說，正是因為麥克阿瑟堅持持續發展美國國防事業，設立航空司令部，重新更新陸軍戰術、裝備、訓練，並組織軍隊現代化的計畫，美國才可以持續在日後的世界中參與軍備競賽，扮演世界警察的角色。

一躍成為二戰太平洋戰區最高統帥

在擔任參謀總長之前，麥克阿瑟曾短暫派駐菲律賓，擔任美國駐馬尼拉軍團首任司令，因此，在卸任參謀總長之後，麥克阿瑟應邀協助建立菲律賓的軍隊。不過，美國陸軍認為，若過分武裝菲律賓，則容易導致殖民地的武裝衝突，因此，在與政府的理念不合下，麥克阿瑟於1937年選擇退役，持續留在菲律賓協助軍隊現代化的工作。

1941年，第二次世界大戰爆發，麥克阿瑟重新被美軍徵召，希望借重他在東亞地區的經驗，擔任美國遠東軍總司令。當年年底，美軍就因日本偷襲珍珠港事件而損失慘重，麥克阿瑟退守澳洲時發誓：「我從巴丹（菲律賓城市）出來，我會再回去。」因此，麥克阿瑟帶領盟軍部隊阻擋日本侵略東亞的計畫，指揮盟軍在東亞執行「跳島戰術」，直到1945年8月日本無條件投降為止。

我要把簽署協議用的五支鋼筆送給曾被俘虜的溫賴特和珀西瓦爾，以及美國政府檔案館、西點軍校和我的妻子。

麥克阿瑟代表盟軍接受日本投降

　　第二次世界大戰結束後，麥克阿瑟以駐日盟軍統帥的身分代表戰勝國進行統治。在麥克阿瑟的主導下，日本逐漸往民主化邁進。天皇成為日本象徵性的元首，改由內閣治理國家；《日本國憲法》的確立與推行，確立現今日本政府組織架構的基礎。當時日本政府為了贏得第二次世界大戰，投入了大量的人力、物力，而無條件投降宣告著日本侵略東亞的行動澈底失敗；對於在軍國主義思想下極力擴張、侵略的日本軍隊而言，更是他們心中必勝精神的澈底失敗與瓦解，致使戰後日本瀰漫著一股「舉國虛脫」的氛圍。許多日本人更因此而怪罪將舉國投入戰爭的日本天皇，因此，當美國派遣軍隊最高指揮官麥克阿瑟進行重建，日本人民反而熱烈歡迎、迎合美軍的各式需求。在此情形之下，美國對日本民主化的改造出乎意料的順利，自此，日本也成為美國在遠東地區的民主堡壘。

東亞的精神領袖——麥克阿瑟

　　麥克阿瑟的影響不只在日本，更擴及東亞地區的許多國家。作為當時美國在東亞盟軍的最高統帥，麥克阿瑟不只以優勢的軍力，對抗當時許

多不願意改革的封建威權，維持東亞地區的和平，更將民主的思想帶入東亞，協助許多地區的現代化，也促成現今東亞許多民主政權的樣貌。

　　1950年，北韓部隊越過北緯38度的停戰線，進攻當時南韓首都漢城（今首爾）。對於北韓的異動，聯合國安理會當即指示駐紮在日本的五星上將麥克阿瑟組織「聯合國軍」參與戰爭。只是，麥克阿瑟主張澈底解決共產主義問題的軍事方針，與美國總統杜魯門希望維持區域穩定的政治策略有所衝突，因此，麥克阿瑟便因「未能全力支持美國和聯合國的政策」為由遭到撤換。回到美國後，麥克阿瑟在華府受到了英雄式的歡迎，許多人民對杜魯門撤換麥克阿瑟的理由感到不解，但麥克阿瑟卻以「老兵不死，只是凋零」的名言安慰他的支持者，並於隔年投入美國總統大選。只是，他在這場選戰中敗給了同樣出身軍旅的艾森豪，此後，麥克阿瑟就逐步淡出人們的視線。

麥克阿瑟發表著名的「老兵不死」演說。

　　1961年，適逢菲律賓獨立十五週年，麥克阿瑟應邀前往觀禮。人們告訴他，菲律賓軍隊點名時都會大聲的喊著他的名言：「精神猶在！」讓年邁的麥克阿瑟備感欣慰。麥克阿瑟的影響不光如此，東亞各地如菲

律賓呂宋島的「麥克阿瑟大道」、南韓仁川自由公園的「麥克阿瑟銅像」、臺北的「麥帥一橋」、「麥帥二橋」等，都是為了紀念這位戰功彪炳軍事家，以及他對維持東亞地區和平、民主的貢獻。

大事紀

- ⊚ 1880年　出生於美國南部阿肯色州。
- ⊚ 1899年　進入西點軍校就讀。
- ⊚ 1903年　自西點軍校畢業，派駐菲律賓。
- ⊚ 1914年　第一次世界大戰爆發。晉升為少校，統領彩虹師。
- ⊚ 1919年　第一次世界大戰結束，擔任西點軍校校長。
- ⊚ 1922年　派駐菲律賓，擔任馬尼拉軍區司令。
- ⊚ 1941年　第二次世界大戰爆發，同年底日本偷襲珍珠港，太平洋戰爭全面爆發。
- ⊚ 1942年　美軍退守澳洲，建立西南太平洋地區盟軍總司令部。
- ⊚ 1944年　晉升五星上將。
- ⊚ 1945年　日本無條件投降，第二次世界大戰結束，以駐日盟軍總司令部的身份留駐日本，協助日本進行改革。
- ⊚ 1950年　韓戰爆發，擔任盟軍總司令參與韓戰。
- ⊚ 1951年　與杜魯門總統理念不合，遭到撤換。
- ⊚ 1952年　投入美國總統大選。
- ⊚ 1962年　獲頒西點軍校最高榮譽勳章。
- ⊚ 1964年　因病與世長辭。

第十八章
共和國永遠的主席
金日成

職業:軍人、政治家
生存時代:1912～1994年
榮譽事蹟:建立朝鮮民主主義人民共和國,成為北韓最高領導
人,對北韓人民是比父親更重要的存在。

　　在北韓,家家戶戶都會懸掛金日成和金正日的照片,他是北韓的開國元首,金
正日則是他的接班人,他們分別是今日北韓領導人金正恩的祖父及父親。在金氏
政權的統治下,北韓過著與世隔絕的生活,同時也因為發展核武,並且與南韓始
終維持著敵對關係,成為東亞世界甚至是全世界的未爆彈。究竟金日成是怎麼樣
的一個人呢?他又是如何崛起並且將北韓建立成今日的樣貌呢?

從平壤農家到滿洲武裝抗日

　　在講金日成的故事前，必須先談談十九世紀末到二十世紀初的韓國。十九世紀末，日本逐漸成為東亞的霸主，不僅在甲午戰爭打敗清帝國後獲得臺灣，更合併韓國，結束了大韓帝國的政權，韓國自此淪為日本的殖民地。為了擺脫日本人的統治，許多韓國人紛紛投入韓國獨立運動。金日成的父母就是韓國獨立運動的支持者。

十九世紀東亞地理位置圖

　　金日成本名金成柱，1912年出生於平壤（今日北韓首都）郊區，他的祖父母出身農家，而他的父母都投入了韓國獨立運動中。金日成的父親更因為參與韓國獨立運動而被關，出獄後便帶著家人離開韓國，搬遷到中國的東北，也就是當時的滿洲。滿洲雖然是清帝國的國土，但實際上俄國與日本對此地有強大的影響力，甚至在日俄戰爭俄國戰敗後，日

本對此地的控制更為提升。少年金成柱與家人就生活在這樣的滿洲。

十五歲時，金成柱進入了滿洲一所專為中國人開設的學校就讀，在那裡他接觸到了共產主義思想，並結識了許多懷有同樣理念的青年。金成柱在同年加入中國共產黨，並且開始組織抗日武裝部隊，他也在這個期間，將名字從金成柱改為金日成，並逐漸在軍隊中嶄露頭角。

橫空劃開愛與恨的北緯38度線

1945年日本天皇宣布戰敗，第二次世界大戰終於結束，作為戰敗國的日本，開始退出各個殖民地，朝鮮半島因此突然失去了執政者。第二次世界大戰主要是由英國、美國、中國及俄國四國聯手，對抗日本、德國及義大利。戰後奉行資本主義的美國，與奉行共產主義的蘇聯形成兩大勢力，他們在戰後世界局勢的規劃上互不相讓，進入「冷戰時期」。金日成正是在這樣的背景下回到朝鮮半島。

在這種情況下，美國與蘇聯硬生生以北緯38度線作為邊界，將朝鮮半島一分為二，俄國藉由扶植金日成政權來控制北朝鮮半島，美國則扶植留美的韓國人李承晚來控制南朝鮮半島。這是一條幾乎沒有任何曲折的邊界，筆直的像是用尺畫出來的一樣，美、俄兩大強權在不問韓國人心情的情況下，既不在乎天然地理環境，也不在乎人文景觀，硬生生地截斷了無數條河流與馬路。

南北韓雙方都宣稱自己的國家領土涵蓋整個朝鮮半島，不排除以武力統一整個朝鮮半島，將北緯38度線對面的政權視為傀儡政權，互不承認對方政權的合法性。朝鮮半島像是不定時炸彈一般，大戰爆發只是時間的問題。

1950年北韓率先越過邊境，韓戰隨之爆發，在戰場上，朝鮮半島的冬天彷彿永無止盡，既可怕又絕望，一位美國記者形容這場戰爭為「最寒冷的冬天」。儘管金日成誇下海口表示三週內可以拿下南韓，但這場

戰爭實際上延續了三年之久。北韓政府背後有蘇聯及中華人民共和國的支持，南韓政府則有美軍相助。韓戰表面上看起來只是一場韓國的內戰，但它其實是一場差點引發第三次世界大戰的衝突。

　　這場戰爭演變成一場殘忍且高度消耗的戰爭，最終這場戰爭沒有任何贏家，無論是哪一方都付出了沉重的代價，包含他們各自背後的支持者。在1953年簽屬停戰協定後，雙方以北緯38度線為基準，重新畫出了一條軍事分界線，這次這條線根據雙方當時的控制區域做出了一些修正，不再只是一條粗暴的直線，但南北韓的隔閡卻比之前更深了。

「最寒冷的冬天」過後「我們最幸福」

　　戰後的北韓百廢待舉，金日成在其他共產國家的幫忙下，開始重建北韓。金日成一方面在國內塑造對他的個人崇拜，一方面打擊異己，鞏固自己的獨裁統治。他打造了以他為核心的一黨獨大體制，領袖的意思就是黨的意思，而所有的人民都應該以黨的意思為依歸。

在北韓，隨處可見的偉大領袖的標語

從1950年代起，北韓人便開始被教育金日成是比他們生身父親還要偉大的「最親愛的父親」，因為有他的存在，才能活著、才有吃穿用度。1970年代，在顧問的建議下，金日成加劇了這些宣傳活動。金日成及其子在抗日戰役中的表現，不僅被誇大，還成為教科書的教材。除了用各種手段宣傳金日成之外，北韓也不准人民任意離開國境，在無從得知外界情形下，人們只能相信自己的國家就如同政府所言的那般美好。而有家人逃到南方的人，在北韓永遠低人一等，甚至連累孩子找不到工作。反對政府的人也會受到嚴厲的處罰。透過個人崇拜，金日成將專制統治粉飾為人民眾望所歸，民眾找不到反對的對象，使北韓的政權保持穩定。

在金日成的打造下，成功被政府洗腦的北韓人民，相信他們是世界上最純潔高尚的種族，北緯38度線對面的那群「同胞」們，受到邪惡美國資本主義的控制。在訴諸種族主義的情況下，北韓人民對外界產生強大的敵意。諷刺的是，北韓的經濟狀況在1990年代以後，因為蘇俄共產政權瓦解，終止了對北韓的經濟援助，嚴重打擊北韓本來就不穩定的經濟，使北韓陷入經濟崩潰。人民的生活倒退了，電力供給不足，餐廳及電影院形同擺設，這個國家陷入了更深一層的黑暗之中。

1994年金日成心臟病發猝死，但北韓的一切困境並未因此踩煞車，仍然向悲劇一路疾駛而去。北韓很快陷入糧食危機之中，饑荒的夢魘籠罩整個國家，根據研究估計，在這場災難中餓死的人約有六十至一百萬人。有些無法忍受這樣痛苦的人們，開始對國家及領袖產生懷疑，他們試著尋找生命的出路，因此踏上「脫北」的道路——他們多半先逃往中國，在想辦法到南韓，或其他國家。但這也是一條嚴峻且殘酷的道路：死亡、追捕、人口販賣、親情間的背叛、強暴性侵故事，這些是許多脫北者經歷過的血與淚。

未完待續的武力競爭

時代的巨輪並未因為強人的倒下而停止轉動。金日成過世後，由他的兒子金正日接班成為統治者，金日成則被寫入北韓憲法，成為永遠的主席。到了2011年金正日過世，由金正恩繼位。截至此時，看起來短期內北韓還是會繼續維持這種家族傳承的獨裁統治。對已然民主化的臺灣而言，我們已經很難想像這種生活是什麼模樣了，甚至會對今天世界上竟然還有國家過著如此封閉的生活而感到不可思議。

但隨著科技的發達，北韓再也無法輕易的封鎖資訊，南韓經濟的欣欣向榮對北韓無疑造成了壓力。但金日成的統治手段無疑對北韓造成了巨大的影響，他在經濟上刻意不與其他國家有貿易上的合作往來，促使北韓長期與世界維持孤立。並且不放棄核武，使周邊國家感到壓力。直到2020年北韓仍然在進行導彈試射的活動，引發南韓、日本以及美國對於東亞地區穩定性的憂慮。直到現在，脫北者的訴說的北韓故事並非過去式，仍然是現在進行式。戰爭的隱憂並沒有遠去，北韓仍然是東亞的未

爆彈，並未隨著金日成的逝世而有所改變。東亞日後的發展，尤其是區域和平，還需要持續關注南北韓之間的關係。

大事紀

- ◉ 1910年　韓國成為日本殖民地。
- ◉ 1912年　金日成誕生。
- ◉ 1927年　金日成在滿洲就學。
- ◉ 1931年　滿洲事變＆金日成加入中國共產黨。
- ◉ 1945年　日本宣佈投降（第二次世界大戰結束）。
- ◉ 1948年　金日成成為北韓領導人。
- ◉ 1950年　韓戰爆發。
- ◉ 1953年　韓戰結束。
- ◉ 1991年　俄國共產政府垮臺（北韓陷入經濟困境）。
- ◉ 1994年　金日成逝世。
- ◉ 1998年　北韓憲法規定金日成為共和國永遠的主席。

第十九章
帶領國家走出殖民統治的東亞雙雄
東姑·阿布都拉曼&翁山

職業：政治家、軍人
生存時代：東姑·阿布都拉曼1903～1990年；翁山1915～1947年
榮譽事蹟：分別為馬來西亞和緬甸的國父，帶領國家脫離殖民地而獨立。

　　亞洲許多殖民地，受甘地領導印度獨立與自治運動影響，紛紛於二戰後掀起獨立運動。除了以暴力的方式達成外，也有以政變或協談的方式進行，因而出現了像東姑·阿布都拉曼（Tunku Abdul Rahman）和翁山（Aung San）這樣的領導人物。他們分別帶領著馬來西亞和緬甸的走出殖民統治，因此被尊稱為該國國父或是獨立之父。這波獨立運動，也塑造了今日東南亞國家大致的樣貌與發展。

東姑‧阿布都拉曼與馬來西亞的獨立

東姑出生於吉打州的亞羅士打的皇宮，父親是當地的統治者蘇丹阿布都哈密德哈林沙，母親是蘇丹的王妃之一。東姑排行第七，並無王位繼承權。東姑小時候很喜歡從皇宮跑出去和其他孩子玩耍，雖然母親反對，但喜歡結交朋友的東姑依然故我。

十六歲時，東姑因獲得獎學金得以進入英國劍橋大學就讀，成為當時校內唯一一位馬來亞籍的學生，也因此結識了來自各個國家的朋友。

獲得學位後，東姑回到吉打州擔任行政官員。第二次世界大戰爆發後，日軍占據了馬來亞，殘暴的統治手段讓當時很多知識分子覺醒並企望追求馬來亞的獨立。

英國在戰後成立了馬來亞聯邦，將檳城、馬六甲等地納入成為一個新的獨立國家，並開放公民權給外來移民。此舉遭到以東姑為首的馬來民族主義派抵制，他們成立「全國巫人統一機構」（簡稱巫統），用社會運動以及血腥暴力等手段迫使馬來聯邦於1948年解散。1951年接任巫統黨魁的東姑，則因此成為馬來亞聯合邦的風雲人物。雖然馬來亞全境並未因此迎來和平無慮的生活，但境內的馬來人、印度人和華人彼此都有追求馬來亞獨立的目標，於是他們透過體制內的選舉，選出代表參與議會，並推舉東姑作為第一任首相和英國政府協調馬來亞獨立的問題，最後終於在1957年8月31日宣布獨立。

為了建立一個強大的經濟實體，1961年東姑正式提出「馬來西亞計畫」，經過兩年多磋商和鬥爭後最終由馬來亞、新加坡、沙巴、砂勞越四地一起組成馬來西亞聯邦。東姑則為第一任馬來西亞聯邦的首相。

然而，馬來亞來聯邦之間彼此族群的衝突也很嚴重，超過四成的華人對於馬來人獨占統治地位相當不滿，反對「馬來人至上」，馬來人也感到華人的威脅，嘗試排除李光耀和他所領導的人民行動黨在新加坡的地位。東姑‧阿布都拉曼發現無法同時應付馬來人和華人的需求，因此在

馬來西亞國會中向議員表示將對新加坡脫離聯邦投下贊成票。最終,新加坡在1965年8月9日脫離聯邦後獨立。

東姑除了讓馬來西亞獲得獨立的地位,對於東南亞國家彼此間的合作也相當重視,先是在1961年成立「東南亞聯盟」,聯合泰國與菲律賓共同思考東南亞彼此之間的國際問題。1967年之後,成立了

馬來西亞國慶

馬來西亞國慶日也稱為「馬來西亞獨立日」,為每年的8月31日,為東姑‧阿布都拉曼與英國談判而設定的獨立日。然而,馬來西亞在1957年獨立時,東馬的沙巴和砂勞越還沒有加入。1963年9月16日這兩地加入後,東馬和西馬才共同組成馬來西亞聯邦。9月16日這天也成為所謂的「馬來西亞日」。最後馬來西亞獨立日和馬來西亞日經過國會的辯論,後來都被認可是關於國家獨立的節日。

更多國家參與的「東南亞國家協會」，加強東南亞國家間彼此的合作。

　　但是，馬來西亞根深蒂固的種族問題並沒有解決，1969年大選，反對陣營的選票超過執政聯盟，5月13日兩方在吉隆坡街頭衝突，發生了流血衝突，稱「五一三事件」，國家宣布進入了緊急狀態，被譽為馬來西亞國父的東姑更因此被迫下臺而淡出政壇。

翁山與緬甸的獨立

　　至於翁山，則是帶領緬甸脫離英屬印度獨立的軍事領袖。1915年，翁山出生於緬甸中部的馬圭省，當時的緬甸是英國的殖民地之一。出生於小康家庭的翁山，是家中九個兄弟姊妹的老么，和許多緬甸家庭一樣，他是在佛寺中渡過童年，一直到上小學時才回到正規學校就讀。

　　小時候不喜歡說話的翁山，大學時進入了當時緬甸最好的仰光大學，並成為學生領袖。充滿領袖魅力的他在因為擔任校刊主編時的一個衝突事件被退學，當時的他嶄露領導才能，透過帶領學生罷課而爭取復學。翁山畢業後，加入當時最重要的獨立運動推動組織——德欽黨，並成為領導人，透過帶領工人罷工，以及發動工會、勞工和學生遊行來表達訴求。1939年翁山成立了緬甸共產黨，擔任總書記，英國政府開始注意翁山的政治行動且展開追捕他。翁山輾轉獲得日本政府的支持，並決定在緬甸進行武裝起義，並在海南島、臺灣玉里等地接受日本政府為他安排的一系列軍事訓練。之後翁山離開緬甸共產黨在泰國成立緬甸獨立義勇軍，幫助日軍進入緬甸占領仰光，並擊退英國軍隊，成立緬甸國，翁山為國防部長。

　　隨著太平洋戰爭的演進，逐漸落敗的日本，讓翁山決定重新投向英國，他成立「反法西斯聯盟」並開始攻擊日軍。1945年日軍無條件投降後，緬甸依然是英國殖民地。但英國政府已同意讓緬甸獨立，並讓翁山負責國防和外交。因此，1947年翁山與英國首相克萊門特·艾德禮

（Clement Richard Attlee, 1st Earl Attlee，1883~1967）簽訂了協定，
保證一年內讓緬甸完全獨立。翁山所領導的「反法西斯人民自由同盟」
在大選中獲勝。但還未等到緬甸真正獨立的那天到來，翁山就遭到暗
殺，成為一位永遠被懷念的緬甸「國父」。

> 這是我父親的遺志，所以我要為了緬甸的民主奮鬥！

翁山蘇姬

　　二戰之前，東南亞很多國家都在外國的殖民統治下，第二次世界大戰
由於殖民母國本身要應付歐洲的戰事，在亞洲又要面對日本的入侵，加
上當地的知識分子尋求國家的獨立，讓緬甸和馬來西亞在戰後得以獲得
獨立的機會。

　　東姑·阿布都拉曼和翁山都在關鍵的時刻採取了行動，了解到東南亞
是列強爭奪的關鍵之地，只有在列強出現衝突的時候，自己的國家才有
獨立的可能。除此之外，第二次世界大戰之後，共產主義在國際間快速
傳播，東南亞國家的知識分子也受到共產主義的影響。

緬甸和馬來西亞的「國父」們，展現了與越南、柬埔寨和寮國等共產國家不同的選擇，也讓自己的國家走向了不同的命運。

大事紀

- 1903年　東姑出生。
- 1915年　翁山出生。
- 1919年　東姑前往英國讀書。
- 1933年　翁山進入仰光大學讀書。
- 1938年　翁山加入德欽黨。
- 1941年　翁山成立緬甸獨立義勇軍。
- 1947年　翁山遭刺殺身亡。
- 1957年　馬來西亞獨立，東姑擔任第一任首相。
- 1969年　「五一三」事件，東姑下臺。
- 1990年　東姑過世。

第二十章
新加坡命運的掌舵者
李光耀

職業：律師、政治家
生存時代：1923～2015年
榮譽事蹟：新加坡共和國的首任總理，為新加坡開國最主要的
領導人，擔任總理長達31年。

　　2015年3月23日，全球的國際通訊社不約而同更新、插播同一則新聞，臺灣的媒體也紛紛跟上報導——新加坡開國總理李光耀因病辭世。李光耀去世的消息之所以能占據全球媒體的重要版面，不僅因為他是新加坡最重要的領導人，一生牽動著新加坡的現代史，也與東亞的區域發展密切相關。

學識淵博的有志青年

李光耀出生自新加坡一個富裕的中產階級家庭，父母都是十九世紀時從中國移民的華僑後代。當時的新加坡受英國統治，所以當地人除了會使用各地的方言外，英語更是日常重要的溝通工具。李光耀的小學讀的是只用英語教學的直落古樓英校，這個階段的他，早已嶄露突出的學習能力，畢業那年也以優異成績，順利進入當時新加坡最好的英校萊佛士書院就讀初中與高中。

期間李光耀結識許多朋友，這段青春的求學時光也開啟了他對政治的興趣以及關心。1941年底，日本占領新加坡，李光耀回憶這段時期，日本威權統治方式，以及戰爭所帶來的痛苦都深深影響著他早年的政治經歷，他更差點在日本政府為清算當地抗日分子的檢證行動中喪失性命。為了謀生，李光耀學習日文，並在日商擔任過書記，也在新加坡的日本報導部當過英文編輯，處理日本敵對的同盟國等通訊社電訊，甚至還在糧食越發匱乏的時期做過黑市買賣，心驚膽顫的過日子。

二戰結束後，新加坡重新受英國統治。李光耀進入英國劍橋大學攻讀法律，於1949年考取雙重一等的榮譽學位，以榜首之姿畢業。在學期間他也始終關懷國際關係下的新加坡局勢，反對英國在東南亞地區的殖民統治，這個時期他的政治傾向較為偏向社會主義，甚至還抽空幫忙英國工黨友人競選英國議會議員。

政治路上的磨練

1950年，李光耀歸國在黎覺與王律師事務所工作；後因經手「郵電工友聯合會的罷工問題」代表新加坡的郵差與政府談判而聲名大噪，因而奠定他從政的群眾基礎，並得以獲取往後所需的政治資源。

李光耀初入政壇，即面臨英國勢力逐漸退出馬來亞，東南亞的區域政治瞬息萬變的情勢。戰後英國重整海外殖民地的政治版圖，馬來亞各

個族群為了爭取生存利益，逐漸顯露彼此間的矛盾。前身是與馬來亞人民抗日軍結盟的「馬共」（馬來亞共產黨），就在各種事件的激化下崛起，馬共反對英國殖民統治的主張，因鬥爭路線激烈，取得了不少華人的支持。但李光耀見識過共產黨在馬來亞引起的動亂，以及他們對付政敵時使用的手段，認為若讓共產黨執掌大權，馬來亞或新加坡情勢將會動盪不安。為了早日結束英國統治，且建立更為平等的新加坡社會，提防共產黨一直都是李光耀政治路上相當重要的方向。

1954年，李光耀與一群志同道合者創建了人民行動黨，以對抗殖民主義為宗旨，他成為該黨的首任秘書長。人民行動黨在李光耀的領導下越來越壯大，1959年在英國政權下，新加坡成立自治邦後第一場大選，人民行動黨獲勝並成為議會的第一大黨，而李光耀則出任首屆總理。

即使已經成為實質的政治領袖，李光耀也並未在此階段就停下腳步，因為在他心中，還有一個新加坡與馬來亞合併的政治藍圖。他在一次又一次的新加坡選舉與公投中，向人民闡述新馬合併的願景，精采的講演辯論以及高明的政治手腕，不僅穩固了新加坡的民心，也讓反對合併的共產黨勢力逐漸無法與之匹敵。

新加坡將成為一個腐敗絕緣體！

當選！

當選！

1963年2月2日，李光耀在新馬合併前，與馬來亞聯合邦、英國新加坡殖民地當局決定採取誘捕左翼分子的「冷藏行動」；這個行動重創了新加坡絕大部分的社會主義路線組織，也讓左傾政黨從此在新加坡一蹶不振。同年9月16日，歷經長期的談判與斡旋，李光耀終於實現新馬合併的理想——新加坡、馬來亞、砂勞越和沙巴聯合成立馬來西亞聯邦。

　　但好景不長，合併之後新加坡與馬來西亞頻頻發生摩擦，雙方對於政治利益分配的意見無法統一；再加上新加坡1964年發生的一系列種族暴亂，加速推動了新加坡與馬來西亞分道揚鑣的進程。

新加坡的獨立與崛起

　　眼見新加坡和馬來西亞的摩擦日漸增加，李光耀和人民行動黨與其他理念親近的黨派力挽狂瀾，召開了團結大會以宣揚「馬來西亞人的馬來西亞」，但最終成效有限，新加坡還是被逐出了馬來西亞。

　　1965年8月9日，新加坡正式獨立。李光耀在獨立日當天的記者會中，在鏡頭前向世人展現了脆弱、激動且欲言又止的悲傷眼淚。這次的失敗，對他來說不僅是政治生涯中的挫敗，也代表他愧對了所有支持他理念的夥伴與人民。

　　「新加坡會生存下去。」李光耀向世界如此這邊宣告著。收拾好難過的情緒，李光耀並沒有因為這次的重大挫敗而倒地不起，反而趁此機會重整腳步、調整治國方針，大刀闊斧的改造新加坡。此後，新加坡的進展步伐加快，以令世人驚訝的速度在短短三十年內，從小漁村蛻變成摩天大樓之城，躋身世界富國之列。

　　李光耀擔任新加坡總理長達三十一年，他的領導方針幾乎決定了新加坡的發展方向。在內政方面，新加坡推動經濟改革與發展不遺餘力，採取開發工業園區創造就業、提供誘因吸引外商投資、公共住房政策讓國民擁有自己的住房，進行教育改革選拔菁英進入政府體制，以及成立廉

魚尾獅是新加坡的象徵。

政公署等，種種措施讓高效、廉能成為新加坡政府的形容詞；外交方面則可看到他務實且圓滑的策略，他遊走在臺灣以及中國之間，與蔣經國總統關係良好，又與中國人民共和國的領導人鄧小平互動熱絡，對於兩岸關係他自有一套應對與見解，總能從中為新加坡謀得好處。

1994年，已從總理之職轉任內閣資政的李光耀，面對《外交事務》（Foreign Affairs）期刊的採訪，他大談「亞洲價值」，以受儒家文化影響的東亞各國為例，高舉其中的家父長制文化價值，來回應西方媒體對其治國理念的質疑。很多人問李光耀是怎麼做到的？成功的治理經驗讓李光耀成為西方媒體好奇並爭相報導的對象，他的鐵腕作風以及對於媒體管制、人權打壓的疑慮，也同時讓他備受批評，但面對來自外界的評價，李光耀不為所動，他表示新加坡不隨西方起舞。

永遠的精神領袖

李光耀於2011年正式結束資政的生涯，並將總理的位子接班給長子李顯龍。在生命的最後幾年，他還出版了一本回憶錄，講述他晚年的心境，以及他對死亡的看法。這位新加坡的傳奇領袖，最後則因嚴重肺炎感染，病逝於新加坡的中央總醫院，享壽九十一歲。

「沒有李光耀的新加坡，未來究竟會怎麼發展？」「新加坡的下一步，該往哪裡去？」在李光耀離去後，各界新聞媒體開始預測新加坡的未來，大家都想知道這個李光耀從零開始一手規畫的現代國家，在李光耀去世後該何去何從？今後新加坡的發展，又會對亞洲甚或全球的形勢有什麼樣的影響？

　　就像所有一代強人的結局，李光耀的死代表著一個時代的結束。

　　新加坡的未來還在持續，歷史仍在繼續滾動中。

大事紀

- 1923年　出生於新加坡。
- 1936年　開始在萊佛士書院和萊佛士學院求學。
- 1946年　留學英國劍橋大學攻讀法律。
- 1950年　返回新加坡，執業律師，並擔任多個工會的法會顧問。
- 1954年　人民行動黨正式成立，李光耀當選秘書長。
- 1959年　人民行動黨執政新加坡，李光耀宣誓就任新加坡自治邦首任總理。
- 1963年　歷經被拘捕、成立馬來西亞聯邦後，最終在新加坡大選中率領人民行動黨獲勝。
- 1965年　人民行動黨提出「馬來西亞人的馬來西亞」概念，同年新加坡自馬來西亞獨立。
- 1990年　卸下新加坡總理之職，轉任內閣資政。
- 1992年　辭去人民行動黨秘書長職位。
- 2011年　宣布不會出任新內閣。
- 2015年　李光耀因重症肺炎逝世。

附錄

本書與十二年國民基本教育社會領域課綱學習內容對應表
國民小學中年級教育階段（3-4 年級）

學習主題軸	內涵概念	能力指標編碼與主要內容	對應內容
A. 互動與關聯	a. 個人與群體	Aa-Ⅱ-1 個人在家庭、學校與社會中有各種不同的角色，個人發展也會受其影響。	全書
		Aa-Ⅱ-2 不同群體（可包括年齡、性別、族群、階層、職業、區域或身心特質等）應受到理解、尊重與保護，並避免偏見。	全書
	b. 人與環境	Ab-Ⅱ-1 居民的生活方式與空間利用，和其居住地方的自然、人文環境相互影響。	全書
		Ab-Ⅱ-2 自然環境會影響經濟的發展，經濟的發展也會改變自然環境。	第四章、第五章、第八章、第十一章、第十五章、第十九章
	c. 權力、規則與人權	Ac-Ⅱ-2 遇到違反人權的事件，可尋求適當的救助管道。	第十一章、第十二章、第十三章、第十五章、第十六章、第十七章、第十八章、第十九章、第二十章
	d. 生產與消費	Ad-Ⅱ-1 個人透過參與各行各業的經濟活動，與他人形成分工合作的關係。	第十章、第十三章、第十五章、第十七章、第十九章、第二十章
	e. 科技與社會	Ae-Ⅱ-1 人類為了解決生活需求或滿足好奇心，進行科學和技術的研發，從而改變自然環境與人們的生活。	第一章、第二章、第三章、第四章、第七章、第八章、第九章、第十一章
	f. 全球關連	Af-Ⅱ-1 不同文化的接觸和交流，可能產生衝突、合作和創新，並影響在地的生活與文化。	全書

學習主題軸	內涵概念	能力指標編碼與主要內容	對應內容
B. 差異與多元	a. 個體差異	Ba- II -1 人們對社會事物的認識、感受與意見有相同之處，亦有差異性。	全書
C. 變遷與因果	b. 歷史的變遷	Cb- II -1 居住地方不同時代的重要人物、事件與文物古蹟，可以反映當地的歷史變遷。	全書
	c. 社會的變遷	Cc- II -1 各地居民的生活與工作方式會隨著社會變遷而改變。	全書
D. 選擇與責任	a. 價值的選擇	Da- II -1 時間與資源有限，個人須在生活中學會做選擇。	全書

國民小學高年級教育階段（5-6 年級）

學習主題軸	內涵概念	能力指標編碼與主要內容	對應內容
A. 互動與關聯	a. 個人與群體	Aa- III -1 個人可以決定自我發展的特色，並具有參與群體社會發展的權利。 Aa- III -2 規範（可包括習俗、道德、宗教或法律等）能導引個人與群體行為，並維持社會秩序與運作。 Aa- III -3 個人的價值觀會影響其行為，也可能會影響人際關係。 Aa- III -4 在民主社會個人須遵守社會規範，理性溝通、理解包容與相互尊重。	第一章、第十一章、第十三章、第十四章、第十五章、第十七章、第十八章、第十九章、第二十章
	b. 人與環境	Ab- III -2 交通運輸與產業發展會影響城鄉與區域間的人口遷移及連結互動。 Ab- III -3 自然環境、自然災害及經濟活動，和生活空間的使用有關聯性。	第二章、第三章、第四章、第五章、第六章、第七章、第八章、第九章、第十章、第十一章、第十五章、第十九章

	c. 權力、規則與人權	Ac- III -1 憲法規範人民的基本權利與義務。 Ac- III -2 法律是由立法機關所制定，其功能在保障人民權利、維護社會秩序和促進社會進步。 Ac- III -3 我國政府組織可區分為中央及地方政府，各具有不同的功能，並依公權力管理公共事務。 Ac- III -4 國家權力的運用會維護國家安全及社會秩序，也可能會增進或傷害個人與群體的權益。	第五章、第六章、第十一章、第十二章、第十三章、第十四章、第十五章、第十六章、第十七章、第十八章
	e. 科技與社會	Ae- III -1 科學和技術發展對自然與人文環境具有不同層面的影響。 Ae- III -2 科學和技術的發展與人類的價值、信仰與態度會相互影響。 Ae- III -3 科學和技術的研究與運用，應受到道德與法律的規範；政府的政策或法令會因新科技的出現而增修。	第八章
	f. 全球關連	Af- III -1 為了確保基本人權、維護生態環境的永續發展，全球須共同關心許多議題。 Af- III -2 國際間因利益競爭而造成衝突、對立與結盟。 Af- III -3 個人、政府與民間組織可透過各種方式積極參與國際組織與事務，善盡世界公民責任。	第十三章、第十四章、第二十二章
B. 差異與多元	a. 個體差異	Ba- III -1 每個人不同的生活背景與經驗，會使其對社會事務的觀點與感受產生差異。	全書
	b. 環境差異	Bb- III -1 自然與人文環境的交互影響，造成生活空間型態的差異與多元。	全書
	c. 社會與文化的差異	Bc- III -1 族群或地區的文化特色，各有其產生的背景因素，因而形塑臺灣多元豐富的文化內涵。 Bc- III -2 權力不平等與資源分配不均，會造成個人或群體間的差別待遇。	全書

C. 變遷與因果	b. 歷史的變遷	Cb- Ⅲ -1 不同時期臺灣、世界的重要事件與人物，影響臺灣的歷史變遷。 Cb- Ⅲ -2 臺灣史前文化、原住民族文化、中華文化及世界其他文化隨著時代變遷，都在臺灣留下有形與無形的文化資產，並於生活中展現特色。	第七章、第八章、第九章、第十一章、第十二章、第十四章

國民中學教育階段（7 ～ 9 年級）

學習主題軸	內涵概念	能力指標編碼與主要內容	對應內容
H. 從古典到傳統時代	a. 政治、社會與文化的變遷、差異與互動	歷 Ha- Ⅳ -1 商周至隋唐時期國家與社會的重要變遷。 歷 Ha- Ⅳ -2 商周至隋唐時期民族與文化的互動。	第一章、第二章、第三章、第四章、第五章、第六章
	b. 區域內外的互動與交流	歷 Hb- Ⅳ -1 宋、元時期的國際互動。 歷 Hb- Ⅳ -2 宋、元時期的商貿與文化交流。	第五章、第六章
I. 從傳統到現代	b. 政治上的挑戰與回應	歷 Ib- Ⅳ -1 晚清時期的東西方接觸與衝突。 歷 Ib- Ⅳ -2 甲午戰爭後的政治體制變革。	第九章、第十章、第十二章、第十三章
	c. 社會文化的調適與變遷	歷 Ic- Ⅳ -1 城市風貌的改變與新媒體的出現。 歷 Ic- Ⅳ -2 家族與婦女角色的轉變。	第十二章、第十四章、第十五章
K. 現代國家的興起	a. 現代國家的追求	歷 Ka- Ⅳ -1 中華民國的建立與早期發展。 歷 Ka- Ⅳ -2 舊傳統與新思潮間的激盪。	第十三章、第十五章
	b. 現代國家的挑戰	歷 Kb- Ⅳ -1 現代國家的建制與外交發展。 歷 Kb- Ⅳ -2 日本帝國的對外擴張與衝擊。	第十二章、第十三章、第十四章、十五章、第十六章、第十七章、第十八章

L. 當代東亞的局勢	a. 政治外交的變遷	歷 La- IV -1 中華人民共和國的建立。 歷 La- IV -2 改革開放後的政經發展。	第十八章
	b. 不同陣營的互動	歷 Lb- IV -1 冷戰時期東亞國家間的競合。 歷 Lb- IV -2 東南亞地區國際組織的發展與影響。	第十四章、第十五章、第十六章、第十七章、第十八章、第十九章、第二十章
O. 近代世界的變革	a. 不同陣營的互動	近代南亞與東南亞。	第十一章、 第十五章、第十七章
Q. 現代世界的發展	a. 現代國家的建立	歷 Qa- IV -2 工業革命與社會變遷。 歷 Qa- IV -3 民族主義與國家建立。	第九章、第十章、 第十一章、第十二章
	b. 帝國主義的 興起與影響	歷 Qb- IV -1 歐洲帝國的擴張。 歷 Qb- IV -2 亞、非、美三洲的發展及回應。歷 Qb- IV -3 第一次世界大戰。	第十章、第十一章、 第十二章
	c. 戰爭與現代社會	歷 Qc- IV -1 戰間期的世界局勢。 歷 Qc- IV -2 第二次世界大戰。 歷 Qc- IV -3 從兩極到多元的戰後世界。	第十一章、第十二章、第十三章、第十四章、第十五章、第十六章、第十七章、第十八章、第十九章、第二十章

參考書目：

1. 黃進興，《優入聖域：權力、信仰與正當性》（修訂版），臺北：允晨文化出版，2012。
2. 鄭吉雄，《東亞視域中的近世儒學文獻與思想》，臺北：國立臺灣大學出版中心，2005。
3. 黃麗生編，《邊緣儒學與非漢儒學：東亞儒學的比較視野》，臺北：國立臺灣大學出版中心，2012。
4. 黃俊傑編，《東亞視域中孔子的形象與思想》，臺北：國立臺灣大學出版中心，2015。
5. 胡川安編，《重新思考皇帝：從秦始皇到末代皇帝》，臺北：時報出版，2019。
6. 鶴間和幸著，李彥樺譯，《始皇帝的遺產：秦漢帝國》，新北：臺灣商務，2018。
7. 李開元，《秦崩：從秦始皇到劉邦》，臺北：聯經出版，2010。
8. 胡川安編，《重新思考皇帝：從秦始皇到末代皇帝》，臺北：時報出版，2019。
9. 林明德著，《日本史》，臺北：三民書局，2005，修訂二版。
10. 高明士著，《東亞古代的政治與教育》，臺北：國立臺灣大學出版中心，2004。
11. 鄭樑生，《日本古代史》，臺北：三民書局，2006。
12. 王小甫著，《隋唐五代史：世界帝國‧開明開放》，臺北：三民書局，2008。
13. 李樹同著，《唐史考辨》，臺北：中華書局，2015。
14. 孟憲實著，《從玄武門之變到貞觀之治：孟憲實講唐史》，臺北：遠流出版，2008。
15. 雷家驥編，《貞觀政要：天可汗的時代》，臺北：時報出版，2012。
16. 傑克‧魏澤福著，黃中憲譯，《成吉思汗：近代世界的創造者》，臺北：時報出版，2018。
17. 周思成著，《大汗之怒：蒙古鐵騎與日本武士的海上交鋒，忽必烈東征的未竟之路》，臺北：麥田出版，2020。
18. 涂豐恩著，《大人的日本史》，臺北：平安文化，2015。
19. 羅麗馨，〈豐臣秀吉侵略朝鮮〉，《國立政治大學歷史學報》35，臺北，2011。
20. 韓國國史編纂委員會譯（韓文），《朝鮮王朝實錄》，2006開放漢文閱覽。
21. 朱立熙著，《韓國史：悲劇的循環與宿命》，臺北：三民，2019，增訂六版。
22. 許怡齡，〈朝鮮的「漢語」、「漢文」意識及中華觀〉，收入張崑將編，《東亞視域中的「中華」意識》，臺北：臺大人社高研院東亞儒學研究中心，2017。
23. 朴炳培，〈十九世紀末朝鮮的中國認識之背景與「脫中」問題〉，《政治科學論叢》82，臺北，2019.12。
24. 蔣兆成、王日根著，《康熙傳》，新北：臺灣商務印書館，2015。
25. 閻崇年著，《康熙大帝》，臺北：聯經出版，2009。
26. 伊藤之雄著，林靜薇譯，《明治天皇》，新北：廣場出版，2019。
27. 唐納德 基恩著，伍秋玉、曾小楚譯，《明治天皇：睦仁和他的時代，1852-1912》，新北：遠足文化，2019。
28. 宋路霞著，《細說李鴻章家族》，上海：上海辭書出版社，2009。
29. 高鴻志著，《李鴻章與甲午戰爭前中國的近代化建設》，合肥：安徽大學出版社，2009。
30. 梁啟超著，《李鴻章傳》，天津：百花文藝出版社，2000。
31. 夏恩 史崔特（Shane Strate）著，譚天譯，《從暹羅到泰國：失落的土地與被操弄的歷史》，新北：聯經出版，2019。
32. 加藤祐三著，蔣丰譯，《東亞近代史》，北京：東方出版社，2015。
33. 朱立熙著，《韓國史：悲劇的循環與宿命》，臺北：三民，2003。
34. 金時德著，林珮緒譯，《不平靜的半島：海洋與大陸勢力的五百年競逐》，臺北：馬可孛羅，2019。
35. 岡本隆司著，陳彥含譯，《朝鮮的困境》，新北：八旗文化，2017。

36. 鄒冠秀，〈閔氏戚族時期朝鮮對外政策的演變〉，《龍岩學院學報》24：5，龍岩，2006.10。
37. 潘光哲著，《「華盛頓神話」與近代中國政治文化》，臺北：國史館，2020。
38. 羅威廉（William T. Rowe），李仁淵、張遠譯，《中國最後的帝國：大清王朝》，臺北：國立臺灣大學出版中心，2013。
39. 溫致強編著，《麥克阿瑟》瀋陽：遼海出版社，1998。
40. 道格拉斯．麥克阿瑟（Douglas MacArthur）著，陳宇飛譯，《麥克阿瑟回憶錄》，上海：上海社會科學出版社，2017。
41. 克里斯多佛．高夏著，譚天譯，《越南：世界史的失語者》，臺北：聯經出版，2018年。
42. 蔣永敬著，《胡志明在中國：一個越南民族主義的偽裝者》，臺北：傳記文學出版社，1972。
43. 洪德青著，《南向跫音：你一定要認識的越南》，臺北：貓頭鷹出版，2015。
44. 加藤祐三著，蔣丰譯，《東亞近代史》，北京：東方出版社，2015。
45. 朴智賢、徐琳著，蔡孟貞譯，《我想活下去：從大饑荒與我們最幸福中逃亡，兩韓女子的真實對話》，臺北：大田，2020。
46. 沈志華著，《朝鮮戰爭再探——中蘇朝的合作與分歧》，香港：三聯書店，2013。
47. 和田春樹著，《北韓：從游擊革命的金日成到迷霧籠罩的金正恩》，臺北：聯經出版，2015。
48. 姜赫、菲利普 格蘭羅傑，《這就是天堂！我的北韓童年》，新北：衛城，2011。
49. 張慧智、李敦球著，《北韓：神祕的東方晨曦之國》，香港：香港城市大學，2008。
50. 張素玢，〈國策會社與日本移民事業的開展——滿洲拓殖公社與臺灣拓殖株式會社〉，《師大臺灣史學報》2，臺北市，2009.3。
51. 芭芭拉．德米克（Barbara Demick）著，黃煜文譯，《我們最幸福：北韓人民的真實生活》，臺北：麥田出版，2011。
52. 大衛．哈伯斯坦著，王祖寧、劉寅龍譯，《最寒冷的冬天：韓戰真相解密》，新北：八旗文化，2012。
53. 艾瑞克．霍布斯邦著，鄭明萱譯，《極端的年代（1914-1991）》，臺北：麥田，2020。
54. 理查．皮佩斯著，蔡東杰譯，《共產主義簡史》，臺北：左岸文化，2004。
55. 李光耀著，《李光耀回憶錄：我一生的挑戰 新加坡雙語之路》，臺北：時報出版，2015。
56. 吳易叡著，《赤道上的極地：新加坡微民族誌》，臺北：行人，2016。
57. 史景遷著，溫洽溢、孟令偉、陳榮彬譯，《追尋現代中國：從共產主義到市場經濟》（共兩冊），臺北：時報出版，2019年。
58. 天兒慧著，廖怡錚譯，《巨龍的胎動：毛澤東、鄧小平與中華人民共和國》，臺北：臺灣商務，2016年。
59. 史蒂芬．普拉特著，黃中憲譯，《湖南人與現代中國：革命家與他們的產地》，新北：衛城出版，2021。
60. 馮客著，蕭葉譯，《毛澤東的大饑荒：中國浩劫史1958-1962》，臺北：聯經出版，2021。
61. 文安立著，林添貴譯，《躁動的帝國》，新北：八旗文化，2020。
62. 傅高義著著，馮克利譯，《鄧小平時代》，北京：生活．讀書．新知三聯書店，2013。
63. Charles F. Andrew編，向達譯，《甘地》，臺北：五南出版，2020。
64. 甘地著，王敏雯譯，《我對真理的實驗：甘地自傳》，臺北：遠流出版，2014。
65. 阿倫．甘地著，李康莉譯，《甘地教我的情商課》，臺北：天下文化，2019。
66. 戴芬妮．史藍克、夏恩．史崔特、廖文輝著，《東南亞三部曲之二：從緬甸、泰國到馬來西亞》，臺北：聯經出版，2019。
67. 黃偉雯著，《來去馬來西亞》，新北：八旗文化，2020。
68. 吳丹敏著，黃中憲譯，《緬甸的未竟之路》，臺北：馬可孛羅，2021。
69. 黛芬妮．史藍克著，高平唐譯，《緬甸：追求自由民主的反抗者》，臺北：聯經出版，2016。

●● 少年知識家

故事東亞史 2：
20 個改變東亞的關鍵人物

總 策 劃｜胡川安
作　　者｜王亭方、朱曼云、林柏安、胡川安、唐甄、張安理、
　　　　　黃宥惟、黃寶雯、葉峻廷、鍾安（依筆劃排序）
繪　　者｜胡韻葳
地　　圖｜鍾熙芸

責任編輯｜詹嬿馨
美術設計｜李潔
行銷企劃｜葉怡伶、翁郁涵

天下雜誌群創辦人｜殷允芃
董事長兼執行長｜何琦瑜
兒童產品事業部
副總經理｜林彥傑
總 編 輯｜林欣靜
版權主任｜何晨瑋、黃微真

出 版 者｜親子天下股份有限公司
地　　址｜臺北市 104 建國北路一段 96 號 11 樓
電　　話｜（02）2509-2800　傳真｜（02）2509-2462
網　　址｜www.parenting.com.tw
讀者服務專線｜（02）2662-0332
週一～週五：09:00~17:30
讀者服務傳真｜（02）2662-6048
客服信箱｜parenting@cw.com.tw
法律顧問｜台英國際商務法律事務所‧羅明通律師
製版印刷｜中原造像股份有限公司
總 經 銷｜大和圖書有限公司　電話：（02）8990-2588

出版日期｜2022 年 11 月第一版第一次印行
定　　價｜380 元
書　　號｜BKKKC225P
Ｉ Ｓ Ｂ Ｎ｜978-626-305-344-1（平裝）

訂購服務
親子天下 Shopping　｜ shopping.parenting.com.tw
海外‧大量訂購｜ parenting@cw.com.tw
書香花園｜臺北市建國北路二段 6 巷 11 號　電話（02）2506-1635
劃撥帳號｜ 50331356 親子天下股份有限公司

國家圖書館出版品預行編目(CIP)資料

故事東亞史 2: 20 個改變東亞的關鍵人物 /
胡川安總策畫；胡韻葳繪 . -- 第一版 . -- 臺北
市 : 親子天下股份有限公司 , 2022.11,
152 面；18.5X24.5 公分

ISBN 978-626-305-344-1(平裝)
1.CST: 世界傳記

781　　　　　　　　　　　　　111016098

圖片出處：
p11、p42、p48、p132, via Shutterstock
p28、p52、p68、p75、p94、p104、p114、
p117、p123、p143, via Wikimedia Commons

立即購買 >